Dietmar Bunse

Unterwegs auf dem Aragonesischen Jakobsweg

Der Autor

In Oberhausen geboren, in Wesel sesshaft geworden, von Hause aus Banker, im Herzen Pilger und Wanderer, so lautet der stakkatoartige Steckbrief von Dietmar Bunse. Pilgern und Schreiben, Eigenschaften, die er auf dem Jakobsweg für sich entdeckte und zu einer umfassenden Wandlung seiner Persönlichkeit führten, sind zur Schokolade seines Lebens geworden.

Zum Buch

Der Camino Aragonés. Der kurze, teils unbekannte Alternativweg über die Pyrenäen zum Jakobusgrab, besticht durch wunderschöne, einsame, gebirgige Landschaften, die im Wechsel durch verträumte Bergdörfer, kleine Städte und einzigartige Kulturdenkmäler geleiten.

Ob die Mystik des Felsenklosters San Juan de la Peña, die Stille der gespenstischen Ruinenstadt Ruesta oder der Spirit der oktaedrischen, dem Templerorden zugeordnete Kirche von Eunate, dieses Buch lässt keine Details aus. Unterhaltsam, kurzweilig und humorvoll geschrieben, versetzt es den Leser in die Lage, in Gedanken mitzupilgern. Ausgesuchte, eindrucksvolle Fotos illustrieren den Reisebericht. Wertvolle Tipps zu den Themen Ausrüstung, Länge der Etappen, Kosten und richtiger Zeitpunkt der Reise runden das Werk ab. Ein Buch, das ansteckt und Sie wunderbar auf Ihre Reise einstimmt.

Dietmar Bunse

Unterwegs auf dem Aragonesischen Jakobsweg

Die alternative Pyrenäenüberquerung nach Santiago de Compostela

Bibliografische Information der Deutschen Nationalbibliothek:
Die Deutsche Nationalbibliothek verzeichnet diese Publikation in der Deutschen Nationalbibliografie; detaillierte bibliografische Daten sind im Internet über http://dnb.ddb.de abrufbar.

ISBN 978-3-96103-143-6

www.rediroma-verlag.de
9,95 Euro (D)

Calle Santiago
BUEN CAMINO!
GR 653
Jaca
HOSPITAL DE PEREGRINOS
ARRES
Puente la Reina
Gares
10,1 Km
Eunate
5,2 km

Inhalt

Vorwort

Eigentlich wollte ich dieses Buch gar nicht schreiben. Demnach dürfte es gar nicht existieren. Da Sie gerade ein Exemplar in Ihren Händen halten, muss es wohl einen Grund gegeben haben, es doch zu verfassen.

In einer Mußestunde des zweiten Weihnachtstages 2014 schaltete ich meinen Laptop an und schaute mir die Fotos von meiner Pilgerwanderung über den Aragonesischen Jakobsweg an. Die Bilder lösten nicht nur eine stille Begeisterung in mir aus, sondern aktivierten auch meine Erinnerungen an die Reise. Einhergehend setzte sich ein innerer Prozess in Bewegung. Am Ende steigerte sich mein gedankensprudelnder Kopf in dem Verlangen, das Erlebte festzuhalten. Noch während der Bilderschau öffnete ich einen neuen Ordner. Es war die Geburtsstunde des Manuskripts.

Hand auf's Herz, wer möchte sich nicht einfach mal vom Standort losreißen, das Gewohnte verlassen, die ganze Komplexität des Alltags abschütteln, um sich einem neuen Weg anzuvertrauen? Ohne Rücksicht auf innere Widerstände voller Sehnsucht in eine ferne Welt aufbrechen. Mit guten Gefährten, die genauso denken.

In dieser Gemütslage fuhren wir – meine Freunde Kurt, Manfred und ich – neugierig auf das, was kommt, mit dem Auto nach Pamplona.

Die Pyrenäenüberquerung von Saint-Jean-Pied-de-Port nach Roncesvalles kannten wir bereits. Diesmal wollten wir die einfachere Variante vom Somport-Pass bis nach Obanos ausprobieren.

»Go West« hieß unser Motto, als wir am 17. Mai 2014 die ersten Schritte auf den Camino Aragonés setzten. Als Neugierige, die sich auf dem Weg erden und stärken wollten, die den Spaßfaktor mit in den Rucksack packten, sich unterwegs auch schon mal vergaßen. Wir waren Gernpilger, die Jakobus verehren und seinem Kult huldigen wollten.

Freuen würde ich mich, wenn ich Sie zu einer wunderbaren Art der Fortbewegung, dem Wandern, ermuntern könnte und Sie mir gedanklich auf dieser Pilgerreise folgen würden. Vielleicht gelingt es mir auch, Ihre Lust aufs Pilgern zu wecken. Das prickelnde Erlebnis einer tiefgründigen Selbsterfahrung ist Ihnen dann genauso sicher wie die Begegnung mit abwechslungsreichen Landschaften, geschichtlich bedeutsamen Kulturen und großartigen Menschen.

Den klassischen Wanderführer will dieses Buch nicht ersetzen. Es erhebt vielmehr den Anspruch auf eine informative Reiselektüre mit gutem Unterhaltungswert.

Der Aragonesische Jakobsweg

Er liegt hoch oben an der Grenze zwischen Frankreich und Spanien. Der Somport-Pass steht am Anfang des 160 Kilometer langen Aragonesischen Jakobsweges, der nicht nur wegen seiner geringen Pilgerdichte eine sinnvolle Alternative zur navarrischen Pyrenäenüberquerung von Saint-Jean-Pied-de-Port nach Roncesvalles sein möchte. Aus der luftigen Höhe des 1.640 Meter hohen Grenzpasses geizt der Weg bis zur Mündung in den Spanischen Jakobsweg bei Obanos nicht mit seinen landschaftlichen Reizen. Im Gegenteil, die abwechslungsreiche Flora in Verbindung mit den reichhaltigen kulturellen Delikatessen machen ihn zu einer begehrenswerten Pilgerroute. Wer mehr die Stille sucht, um z.B. zu meditieren oder sich spirituell zu entfalten, ist auf dem Camino Aragonés gut aufgehoben.

Schon frühe Völker wussten die Vorteile des Pyrenäen-Passes zu schätzen. Kelten, Römer und Mauren nutzten ihn nicht nur für militärische Zwecke, sondern auch als Handelsweg. Mit dem Einsetzen der Pilgerbewegung diente der Pass den Pilgern aus Südostfrankreich, Italien und dem osteuropäischen Raum als willkommene Abkürzung auf dem Weg zum Apostelgrab.

Als Namensgeber sowohl für den Weg als auch für die autonome Region Aragón verwendet sich der Río Aragón, ein Fluss, der sich zunächst seinen Weg durch duftende Alpenwiesen und Wälder, später durch ein breites fruchtbares Tal mit Getreideanbau und Viehzucht bahnt.

Nicht nur die Natur bezaubert, auch überragende kulturelle Kostbarkeiten laden Interessierte zu einer gründlichen Audienz ein: Das Felsenkloster San Juan de la Peña mit dem einzigartigen unter einem Felsvorsprung angelegten Kreuzgang und die achteckige Wallfahrtskirche Santa Maria de Eunate sind reizende Höhepunkte der Pilgerwanderung.

Nur zwei große Orte umsäumen den Weg: Jaca (12.000 EW) und Sangüesa (5.000 EW). Dazwischen liegen nur kleinere Ortschaften oder Siedlungen.

Die Übernachtungsmöglichkeiten sind begrenzt und bei weitem nicht mit dem Camino Francés vergleichbar.

Eine Pilgerstatistik wird nicht geführt. Geschätzt dürften jährlich etwa 15.000 Pilger auf dem Aragonesischen Jakobsweg unterwegs sein.

1
Der Pfiffikus
Somport – Canfranc Estación, 8 Km

Pamplona. Das Aufwachen ist eine fabelhafte Sache. Zarte Sonnenstrahlen fluteten unser Hotelzimmer und kitzelten an meinen Augenlidern. Gedanklich wurde von mir schon mal eine Peregrino-Fahne auf dem Somport-Pass gehisst. Ich hätte es ja herausschreien können: Somport, wir k-o-m-m-e-n! Aber ich hielt mich zurück. Ich schrie es lieber in mich hinein. So hatte ich mich jetzt selbst erschreckt!

Schwungvoll sprang ich aus dem Bett direkt in die Dusche. Nach den wärmenden Wasserstrahlen drehte ich den Hebel auf die Stellung »kalt«. Zum zweiten Mal erschreckte ich mich. Aber ich war jetzt fit. Manchmal ist es nicht einfach, Körper zu sein. Erst wird man erschreckt und dann später noch über den Camino gescheucht. Kilometerlang! Und ein Mitspracherecht gibt's nicht. Schließlich ist da ja noch der Boss, der Kopf, der einen steuert. Und der ist ganz schön streng und gönnt einem nur wenig Pausen. Armer Körper!

Kurt streckte seinen wenig behaarten Kopf ins Badezimmer. Ohne dass er seinen noch müden Körper nachzog, bedeutete diese Geste: »Lass mich hier rein.« So kehrte Kurt ein und ich aus.

Noch schnell den Rucksack geschnürt, Manfred

im Nebenzimmer abgeholt und schon verließen wir das Hotel. Von der nahegelegenen Haltestelle fuhren wir mit dem Bus zur Altstadt.

Eines hatten wir mit Ernest Hemingway inzwischen gemeinsam: die Zuneigung zum Café Iruña. In jener historischen Atmosphäre sitzend, bei Sonnenschein ein Frühstück genießen – und schon ist der Tag dein Freund.

Viel Zeit stand uns freilich nicht zur Verfügung, denn um 11.05 Uhr sollte der Bus vom zentralen Busbahnhof nach Jaca starten.

Alsbald setzten wir uns in Bewegung, kauften uns ein Ticket und warteten. Als der Bus kam, verstauten wir unsere Rucksäcke in den riesigen Gepäckbauch und stiegen ein. Nicht ohne ein wenig Proviant und den Wanderführer mit in den Bus zu nehmen.

Es klingt bekannt, die Fahrt in einem Fahrzeug versetzt so manchen Insassen in einen tiefenentspannten Dornröschen-Schlaf. Sofern es nicht der Busfahrer ist, ist dagegen nichts einzuwenden. Kurt und Manfred favorisierten die Vorzüge eines Nickerchens und träumten womöglich von packenden Erlebnissen auf der künftigen Wanderung. Eigentlich schade, denn so entging ihnen der Blick in die schöne Landschaft. Insbesondere die fast 20 Kilometer lange Strecke entlang des Yesa-Stausees entpuppte sich als Augenweide.

Pünktlich um 12.45 Uhr erreichten wir den Busbahnhof von Jaca. Von hier aus wollten wir eine weitere Busverbindung zum Somport-Pass nutzen. Doch leider fuhr der nächste Bus erst in zwei Stunden. »Vertane Zeit«, dachten wir und suchten nach einem Taxi. Das war gar nicht so einfach, wie man denkt. Erst nach aufmerksamer Suche hatte Manfred den richtigen Riecher. Ihm war eine schwarze Limousine, die nicht mit einem Taxi-Schild gekennzeichnet war, aufgefallen. Er erkundigte sich bei dem offensichtlich wartenden Fahrer.

»Ja, ich kann euch zum Pass fahren«, meinte er in einem holprigen Englisch. Das waren genau die Worte, die wir hören wollten. 35 Euro sollte die Fahrt kosten.

»Okay«, signalisierten wir und alsbald setzte sich das Taxi in Bewegung. Nach 25 Minuten erreichten wir den Grenzpass, den Ausgangspunkt unserer Wanderung.

Der Weg lag nun vor uns. Umhüllt von der süßen Wärme der Sonnenstrahlen und garniert mit den teils noch schneebedeckten Gipfeln der Pyrenäen. Die Fernsicht war heute überwältigend. In Begleitung einer guten Tasse Kaffee genossen wir die Weite der unberührten alpinen Landschaft.

Es ist ein weiter Weg bis Laramie. Satteln wir die Pferde und lassen es gemütlich angehen! 858 Kilometer bis nach Santiago. So stand es auf dem ersten Kilometerstein, dem wir beim Abstieg begegneten. Wir blieben kurz stehen und hielten inne. Wenn man die Zahl liest, wird einem nicht bewusst, wie lang 858 Kilometer sein können. Weit mehr als eine Million Schritte sind für deren Bewältigung erforderlich. Bergauf, bergab. Bei Wind, Regen oder sengender Sonne. Asphaltpisten, holprige Wege. Schmerzen, Qualen, Durst. Nichts konnte Millionen Pilger auf ihrem Weg zum Grab des Heiligen Jakobus davon abhalten. Wohl dem, der über eine robuste Gesundheit und einen starken Willen verfügt!

Unser Ziel war nicht Santiago de Compostela, sondern Puente la Reina. Dazwischen lagen noch rund 160 Kilometer. Einige wollten wir noch heute erledigen.

Nach etwa einem Kilometer erreichten wir die Ruinen des ehemaligen Pilgerhospitals Santa Christina. Im 17. Jahrhundert aufgegeben, zählte es im Mittelalter zu den bedeutendsten Pfeilern christlicher Nächstenliebe.

Ruine des Pilgerhospitals Santa Christina

Das sich anschließende Örtchen Candanchú glich einer Geisterstadt. Nur im Winter herrscht hier lebhaftes Treiben. Mit seiner 80-jährigen Geschichte ist es der älteste Wintersport-Ort der aragonesischen Pyrenäen. Auf den noch schneebedeckten Pisten hätte man durchaus die eine oder andere Abfahrt wagen können, doch Skier standen nicht auf unserer Packliste und zählten insofern nicht zu unserem Rucksackinventar. Pech gehabt! Außerdem..., als Pilger auf dem Jakobsweg Skifahren? Welch ein schräger Gedanke!

Wir zogen weiter. Der Trampelpfad führte steil, teils sehr steinig bergab. Vor einem säulenartigen Gebilde machten wir Halt. Bei näherer Betrachtung handelte es sich um einen alten Schlot.

Relikt einer alten Fabrik

Einer Gedenktafel zufolge soll es sich um das letzte Relikt eines Industriekomplexes aus dem 16. Jahrhundert handeln. Silber, Kupfer und Eisen wurden an dieser Stätte verhüttet. Kämme, Messer und Tasten sollen in angrenzenden Gebäuden hergestellt worden sein. Eine kluge Geschäftsidee. Denn: Vorbeiziehende Pilger benötigten unterwegs Kämme und Messer. Und musikalisch waren einige sicherlich auch. Aber, dass möglicherweise wuchtige Klaviere über die Pyrenäen geschleppt wurden, um Tasten zu erneuern, dürfte nur den wenigsten bekannt sein.

Im letzten Bürgerkrieg wurden die Gebäude durch Brandschatzung größtenteils zerstört.

Traumhafter Abstieg nach Canfranc Estación

Wenn schon nicht die Pilger, so spielte wenigstens die Flora »auf allen Tasten des Klaviers«. Alpine Pflanzen wie Enzian, wilde Primeln oder Orchideen gaben alles und sorgten für einen wahren Farbenrausch. Der sich in seinem Geburtsbett windende Río Aragón, die dominierende Bergwelt mit den puderbezuckerten Gipfeln – es war eine Landschaft zum Niederknien. Die Kulisse lässt den Stimmungspegel steigen wie einen Condor, der sich königlich in die Lüfte der Anden schraubt. Der Blick stößt nicht mehr an Grenzen, er kann im Grünen ruhen, in der Farbe verweilen, die milde stimmt und die Sinne entspannt. Hier draußen, in der Freiheit der Natur, in der Begegnung mit sich selbst und all dem anderen Lebendigen, wird die Beweisführung erbracht, dass wir selbst nur mickrige Geschöpfe sind.

Wir erreichten eine merkwürdige, tonnenförmige steinerne Schutzhütte. Eine willkommene Gelegenheit, um zu pausieren. Kurt schnürte seinen Rucksack auf und verteilte in Gebermanier Brot und einige dicke Scheiben Wildschweinsalami. Ein Stück Ziegenkäse folgte. Wie gut kann doch eine belegte Stulle in solch einer idyllischen Umgebung schmecken! Ein einfaches Picknick wird an der frischen Luft zu einem kulinarischen Höhepunkt.

Gestärkt machten wir uns wieder auf den Weg. Der schmale Pfad schlängelte sich zunächst durch einen Mischwald und führte uns durch eine üppige Wiesenvegetation.

Um 17.30 Uhr erreichten wir nach einem Abstieg von 400 Höhenmetern Canfranc Estación. Die kleine Ortschaft wird vom alles überragenden Grenzbahnhof dominiert. Das neoklassizistische Bauwerk wurde 1928 seiner Bestimmung übergeben und galt damals als wichtige Grenzstation auf der Bahnstrecke zwischen dem französischen Pau und Saragossa. Mit einer aus heutiger Sicht überdimensionierten Länge von 241 Metern war der Bahnhof seinerzeit der größte Spaniens und

Er atmet immer noch Größe: der Bahnhof von Canfranc

der zweitgrößte Europas. Und das in einem Kaff mit 700 Einwohnern! Gleich nachdem der letzte Schienenstrang zusammengeschraubt wurde, litt die Strecke aus länderspezifischen Gründen unter ungenügender Auslastung. Nach dem Einsturz einer Eisenbahnbrücke auf französischer Seite, wurde der Bahnverkehr zwischen den beiden Ländern 1970 eingestellt. Aus und vorbei! Milliarden Peseten und Francs durch die dunklen Schornsteine der Dampflokomotiven verheizt!

Von der Zeit vergessen, fristet das stattliche Gebäude nunmehr sein Dasein und sieht einer ungewissen Zukunft entgegen. Nur eine kleine Regionalbahn steuert den Bahnhof derzeit noch an. Investoren und Ideen werden gesucht. Angeblich soll er zum Hotel umfunktioniert werden. Bauliche Aktivitäten blieben uns verborgen.

Auf einer Bank entdeckte Kurt eine echte Regieklappe. Offensichtlich hatten kürzlich noch Dreharbeiten für einen Film auf dem Gelände stattgefunden. Die Klappe wurde schlichtweg vergessen. Kurt fand Gefallen an dem Stück und packte es in seinen Rucksack. Manfred und ich mussten schmunzeln.

»Wer weiß, wofür die noch gut ist?«, meinte Kurt vieldeutig, uns dabei schelmisch in die Augen sehend.

»Hoffentlich klemmst du dir beim Zuschnappen nicht die Finger ein«, frotzelten wir. Kurt, der selbsternannte Regisseur! Wir mussten jetzt fein aufpassen. Welches Rollenangebot erwartete uns wohl noch auf der weiteren Wanderung?

Zielgerichtet auf die Herberge Río Aragón liefen wir entlang der Straße Richtung Ortsausgang. Leider war das Haus voll belegt. Was nun?

»Sucht's ä Platzl?«, fragte uns ein ebenfalls nach einer Bleibe suchender Pilger im ausgeprägten Alpen-Dialekt.

»Ja«, erwiderten wir spontan.

»Do lasst's une zum Touri-Info loafe«, reflektierte er. Wir gingen mit ihm.

»I hoiss Martin«, offenbarte er sich. Wir stellten uns ebenfalls vor.

Wir betraten das Touristenbüro. Martin unterhielt sich in perfektem Spanisch mit der netten Señora. Sie fing an zu telefonieren. Wir waren happy, als wir erfuhren, dass die Herberge Juvenil de Canfranc extra für uns ihre Pforten öffnen würde. Mit den schönen Stempeln von Canfranc und Somport in den Pilgerpässen, verabschiedeten wir uns mit einem herzlichen »gracias« und »adios«.

Den Katzensprung bis zur Herberge nahmen wir in geschmeidiger Leichtigkeit.

Nach einer kurzen Wartezeit wurden wir vom Hospitalero mit freundlicher Wärme empfangen. Kurz machte er uns mit den Herbergsregeln vertraut und führte uns in einen Schlafraum im ersten Stock. Mit ernüchternder Kargheit warb der ansonsten saubere Raum um unsere Gunst. Weiße Wände, fünf doppelstöckige Bettgestelle, sonst nichts. Typischer Herbergs-Barock halt.

Ich schaute zu Manfred. Wahrlich, tagsüber war ihm unsere uneingeschränkte Hochachtung sicher. Nachts buhlten wir nicht gerade um seine Nachbarschaft, denn seine Geräuschkompositionen sorgten nicht selten für unruhige Nächte.

Mir meiner Schlafsensibilität bewusst werdend, fragte ich den Hospitalero nach einer anderen Schlafgelegenheit, gleichzeitig Manfred um Verständnis bittend. Er erfüllte mir bereitwillig meinen Wunsch. Kurt und Martin zogen spontan mit.

Manfred schaute ein wenig bedröppelt drein, nahm es aber mit Humor.

Nichts ist erstrebenswerter, als nach einem anstrengenden Wandertag die Belohnung in Form eines pilgergerechten guten Dinners einzufordern. Der Hospitalero empfahl uns ein in der Nähe liegendes Restaurant. Wenn Einheimische eine Empfehlung aussprechen, dann sollte man sie auch befolgen. Und so machten wir uns zusammen mit Martin auf den Weg dorthin. Der schön eingedeckte Vierertisch und die gut sortierte Speisekarte schürten das Verlangen nach einem mehrgängigen Menü.

Martin, ein 42-jähriger Salzburger, war eine beeindruckende, schillernde Erscheinung. Er legte gesteigerten Wert auf ein gepflegtes Äußeres und wirkte wie aus dem Ei gepellt. Seine dichten, kurz geschnittenen blonden Haare und die gepflegten Hände mit ihren gleichmäßig gefeilten Fingernägeln fielen mir schon zuvor auf. Er besaß auffällig gute Manieren, wirkte blitzgescheit und drahtig. Ein Hansdampf-in-allen-Gassen-Typ. Insgeheim tippte ich auf einen erfolgreichen Freiberufler.

Doch, wie sah das wirkliche Gesicht hinter seinem Gesicht aus? Wir waren extrem neugierig. Er sei gelernter Hotelkaufmann, bekundete er ohne Umschweife. Seinen Beruf übte er schon seit vielen Jahren nicht mehr aus. Einigermaßen überrascht waren wir, als wir erfuhren, dass er sich als Lebenskünstler mit Ausrichtung Bratwurstwender durchschlug. Arbeiten war nicht sein Ding. Geld verdiente er sich nur, wenn er welches benötigte. Vorrangig als Koch oder Kellner. Aktuell war er Single. Die Mutter seiner Tochter verweigerte ihm jeglichen Kontakt zu ihr. Die Gründe erschienen uns naheliegend zu sein.

Martins tiefe Leidenschaft war Reisen. Möglichst lange und ganz weit weg! Seine letzte große Reise führte ihn nach Nordamerika, insbesondere nach Kanada. Als geübter Tramper lernte er das Land umfassend kennen. Um den Geldbeutel zu schonen, nutzte er die Dienste einer Internetplattform, die günstige Privatzimmer vermittelte. Aufgrund seiner asketischen Lebensweise hatte er angeblich während der 2½-jährigen Tour nur 10.000 Euro ausgegeben. Ich schaute ihn ungläubig an.

»Nur 10.000 Euro?«

»Ja! Was gibst du im Durchschnitt täglich auf deiner Wanderung aus?«, konterte er.

Ich überlegte. »Etwa 30 Euro.«

»Das ist viel«, meinte er lapidar.

»Aha«, sprudelte es aus mir heraus.

»Wie viel brauchst du denn?«

»Zehn Euro«, äußerte er, in einer Überzeugung, die mich stocken ließ.

»Bin ich etwa ein Verschwender?«, fragte ich mich in diesem Moment. Hatte ich mich womöglich monetär nicht im Griff? Seine Antworten machten mich enorm neugierig.

»Was mache ich falsch?«, wollte ich von ihm wissen.

Martin holte aus und erzählte aus dem Nähkästchen.

»Nun, ich lebe sparsam, übernachte meistens in meinem Zelt, kaufe reichlich Suppen und bereite sie auf dem Kocher zu. Wenn ihr meint, dass ich Getränke kaufe, dann irrt ihr euch. Unterwegs erhalte ich kostenlos in jeder Bar heißes Wasser für meine Glasflasche. Eingehängte Teebeutel sorgen für eine geschmackliche Abwechslung. Ansonsten schöpfe ich unterwegs nur Wasser aus Brunnen. Häufig pflücke ich am Wegesrand Kräuter, die ich kenne, und verwende sie als Nahrungsergänzung. Gelegentlich kaufe ich mir preiswerte Kekse und gönne mir nur ab und zu eine Übernachtung in einer Herberge.«

Punkt. Ausrufezeichen. Wir staunten Bauklötze im XXL-Format. Ein wenig Bewunderung war auch dabei. Martin mochte egozentrische Grundzüge haben, aber hinsichtlich seiner Lebensausrichtung war er ein schlauer Pfiffikus. Einem wie ihm begegnet man selten und wenn, dann nur auf dem Jakobsweg.

Wir hatten hervorragend gegessen. Als Quartett bewegten wir uns gegen 22 Uhr zur Herberge zurück. Es war ein toller Abend. Vor dem Schlafengehen beschäftigte mich noch eine Frage.

»Martin, bis wohin läufst du morgen?«

»Bis zum Somport-Pass.«

»Wie? Läufst du etwa in entgegengesetzter Richtung?«

»Ja.«

»Und von wo aus bist du ursprünglich losgelaufen?«

»Gestartet bin ich in Porto und bin dann bis nach Santiago de Compostela gelaufen. Danach bin ich noch ein Stück auf dem Camino Francés gegangen und anschließend bis nach Obanos getrampt.«

»Und wo endet deine Reise?«

»Vielleicht in Pau (Frankreich)«, war seine knappe Antwort.

»Und wie kommst du anschließend nach Hause?«

»Wieder per Anhalter.«

Klar doch, der Mann war schließlich ein Pfiffikus.

Pilgerstempel von Canfranc und Somport

2
Das Wandern ist des Bunses Frust
Canfranc Estación – Jaca, 24 Km

Der Raum war eine Festung der Stille. Eine nahezu gespenstische Ruhe! Ganz nach meinem Geschmack. Nur eine Schaltstelle machte nicht mit. Es war eine defekte Weiche in meinem Betriebssystem. Sie lenkte meinen »Schlafwagen« nicht zum wohlverdienten Schlummermodus in den Lokschuppen von Canfranc, sondern wieder auf die freie Strecke. Ich konnte »zum Verrecken« nicht einschlafen. Immer wieder wälzte ich mich von der einen auf die andere Seite.

Ich versuchte es mit autogenem Training. Dann mit Schäfchen zählen. Es half nicht. Irgendwann fängt man an, sich zu ärgern. Doch Ärger oder schlechte Gedanken sind Gift für das Schlafverlangen. Im Zentrum meiner Nervenzellgruppen herrschte ein hochkompliziertes Reiz-Klima.

Kurt und Martin schliefen. Ihren kräftigen Atemzügen konnte ich entnehmen, dass sie sich bereits im Tiefschlaf wähnten. Ich beneidete die beiden. Gerne hätte ich mich in ihre Frequenz eingeloggt, doch ich hatte das Codewort wohl auf den Grund des Río Aragón versenkt. Und ohne Code kein Zugang! Das sind die Regeln!

Die Nacht zog sich wie ein durchgekautes Kaugummi. Irgendwann brennt sich der Wachmodus wie eine lästige Fliege ins Hirn und verbannt den Schlaf endgültig vom Wunschzettel für Weihnachten. Diese Nacht war wirklich nicht auf meiner Seite! Ich sehnte mich nach dem Morgen, schaute auf meine Uhr. Die Leuchtziffern verrieten mir: Es war jetzt 4.30 Uhr. Die Hoffnung stirbt zuletzt. Sagt man. Eine Phrase. Egal, wie schlecht die Lage ist: Man bleibt bis zum Ende zuversichtlich. Meine Hoffnung auf ein paar Stunden Schlaf schwand von Minute zu Minute.

Es dämmerte bereits.

Kein Schlaf, dafür dicke Augen. In aller Frühe nahm ich meinen Kulturbeutel und ging gemächlich ins Bad. Die ausgedehnte Dusche tat richtig gut und half, einige der abgetauchten Lebensgeister wieder einzufangen. Ich guckte in den Spiegel – und schnell wieder weg. Was ich dort gesehen hatte, war ich nicht. Es war ein unbekanntes Wesen mit unübersehbaren Knitterfalten. Wie hatte diese Nacht mich bloß zugerichtet! Sie hatte in meinem Gesicht rumgefummelt und es zu einer Visage umgestaltet. Böse Nacht!

Als ich wieder den Schlafraum betrat, grinste Kurt mich an. Offensichtlich hatte er mich wiedererkannt.

»Schon so früh unterwegs, Didi?«, fragte er mich. Wortkarg antwortete ich. Die Worte waren nicht sehr schön. Ich warf einen Blick in den gegenüberliegenden Schlafsaal. Das Bett war leer. Manfred schien im Bad zu sein.

Gegen 7.30 Uhr verabschiedeten wir uns mit einem nachdrücklichen »Buen Camino« von Martin und brachen auf. Ein Frühstück in der Bar Universo sollte uns guttun. Eine Dreiviertelstunde später waren wir wieder Mitglieder der Pilgergemeinschaft auf dem Camino Aragonés.

Es war sonnig. Wir verließen den langgestreckten Ort über die Dorfstraße, durchquerten einen Tunnel, passierten einen Stausee mit einer riesigen Staumauer und bogen links über eine Treppe ins Flusstal hinab. Der entlang der Talflanke führende Weg wurde von einer üppigen Pflanzenwelt umsäumt. Ein malerischer Wasserfall schob sich wie vorbestellt in den Vordergrund. Von ihm können wir viel lernen. Wasserfälle sind nicht nur Fotomotive, sondern auch besondere Energietransporter. Bei seinem tiefen Sturz wird Wasser in andere Formen der Energie umgewandelt. Unten angekommen, ist es eine Art von Bewegungsenergie. Es lohnt sich tief durchzuatmen. Die Lungen füllen sich sodann mit ionenreicher Atemluft, die das Immunsystem stimuliert.

Gebannt starrten wir auf die Urgewalt der herabstürzenden Wassermassen. Oft liegt der Reichtum unseres Lebens im Erkennen und Erleben eines besonderen Augenblicks. Gleichwohl spiegeln sich an dieser Stelle natürliche und menschliche Gemeinsamkeiten wider: So wie sich die Pilger seit Jahrhunderten beharrlich ihren Weg zum Apostelgrab nach Santiago de Compostela bahnen, so bahnt sich auch das Wasser seinen Weg in den Río Aragón. Ein Kreislauf, unaufhaltsam, unerschöpflich und kraftvoll.

Einige spanische Wanderer gesellten sich zu uns. Wir kamen ins Gespräch. Einer von ihnen arbeitete vierzig Jahre lang als Gastarbeiter in einer Pumpenfabrik in Willich. Eine hartnäckige Allergie zwang ihn, in seine Heimat zurückzukehren. Hier, in der reinen Luft des wenig besiedelten Aragón-Tales spürte er Linderung. Ganz besonders schätzte er die ionenangereicherte Energie des Wasserfalles. Er sei des Öfteren an dieser Stelle, verriet er uns. In einer Hinsicht bemitleidete er uns Deutsche: Wir würden zu sehr im »Morgen« und »Übermorgen« leben und nicht, wie er, im »Hier und Jetzt«. Recht hat er! Auch von den Spaniern können wir noch eine Menge lernen!

Romanische Brücke Pon Nou

Mit einem freundlichen »Adiós« verabschiedeten wir uns von der Gruppe und zogen weiter. Kurz darauf erreichten wir die mittelalterliche Brücke »Pon Nou«, die sich in einer Länge von 35 Metern einbögig über den Fluss spannt. In der Nordbrüstung wurde auf einem Stein ein Steinmetzmeister namens *Ramon* verewigt. Unter seiner Regie wurde im 16. Jahrhundert die zuvor von den reißenden Fluten des Río Aragón vernichtete Brücke neu errichtet.

Eine Sehnenreizung im rechten Schienbein machte mir zunehmend zu schaffen. Noch vor zwei Wochen hatte ich gemeinsam mit meiner Frau den Portugiesischen Jakobsweg bewandert und mich zum Schluss mit den gleichen Symptomen geplagt. Insbesondere bei den ansteigenden Geröllpfaden musste ich heftig auf die Zähne bzw. Zahnkronen beißen. Wer oder was konnte mir helfen? An einem Rastplatz hielten wir an. Kurt kramte in seinem Rucksack und zog einen deoähnlichen Roll-Stift hervor.

»Hier, Didi, nimm das, das hilft«, meinte er beschwörend. Kurt hatte den Stift, von wem auch immer, geschenkt bekommen. Eine englische Beschreibung war aufgedruckt. Der konnte ich entnehmen, dass die Inhaltsstoffe nach indianischen Rezepturen erzeugt wurden. Mein Vertrauen in die indianische Heilkunst wurde auf einmal riesengroß. Klar doch, Indianer hatten gute Medizinmänner. Die konnten mit Hilfe ihrer Zauberkraft böse Geister vertreiben! Bestimmt auch meine Schmerzen! Man muss nur dran glauben. Ich behandelte mein angeschlagenes Schienbein mit dem Rollstift und ließ die Tinktur einwirken. Es brannte ein wenig. »Wahrscheinlich brennen dir die Wirkstoffe die Schmerzen raus«, bildete ich mir aufmunternd ein.

Durchmarsch durch die „Pygmäen-Unterführung"

Wir liefen weiter. Es ging jetzt etwas besser. Bald erreichten wir eine Straßenunterführung. Keine übliche. Es war eine für Pygmäen gemachte. Höchstens 1,40 Meter hoch. Unsere Köpfe einziehend, huschten wir schnell hindurch.

Als ob ein Pfau in Balzlaune sein Federrad zur Schau stellen wollte, so verzückte uns die darauf folgende idyllische Landschaft. Sie besaß die Qualifikation, um sich bei einem botanischen Schönheitswettbewerb um eine Spitzenposition zu bewerben. Friedlich zog sich der Höhenweg entlang

Wilde Schlucht des Río Aragón

Prächtiger Pyrenäen-Steinbrech (Saxifraga longifolia)

einer tief eingeschnittenen Schlucht des Río Aragón. Die intensiven Düfte der Wildkräuter, dazu die Artenvielfalt der teils mannshohen Sträucher, der liebe Gott musste einen guten Tag erwischt haben, als er dieses Fleckchen modellierte. Ginster, Weißdorn und Buchsbaum umsäumten den Pfad an beiden Seiten. Auf bemoosten Felsen wetteiferten mit voller Hingabe ganze Gruppen von prächtig blühenden alpinen Pflanzen um die Gunst unserer Blicke.

In der Mittagszeit erreichten wir Villanúa. In einem kleinen Supermarkt deckten wir uns mit einigen Lebensmitteln ein. Die gegenüberliegende Bar verleitete uns zu einem längeren Zwischenstopp. Einige gute Tassen Café con leche sorgten wieder für ein wenig mehr körperlichen Schwung und wirkten unserer abflachenden Biorhythmuskurve entgegen.

Wir marschierten weiter. Mit dem Verlassen des Ortes gewinnt das Aragóntal merklich an Weite, verliert gänzlich seinen alpinen Charakter. An einem Rastplatz bogen wir rechts in einen steinigen Feldweg ab.

Die ständigen Anstiege waren wie Gift für mein lädiertes Bein. Erneut besuchte er mich, der quälende Schmerz! Wo war bloß meine schamanische Schutzmacht geblieben? Hatte sie etwa die Flucht ergriffen? Oder wurde sie zurückgepfiffen? Warum ließ sie mich im Stich?

Kurt reichte mir wieder den Stift. Nach dem Motto »nicht kleckern, sondern klotzen« trug ich die Tinktur satt auf und massierte sie mit kreisenden Bewegungen ein. Das tat gut. Wir gingen weiter. Doch schon bei der nächsten Steigung hatte ich das Gefühl, von meinen eigenen Schritten scharf und giftig gebissen zu werden. »Das Wandern ist des Müllers Lust« mutierte zum »Das Wandern ist des Bunses Frust«. Mehr schlecht, als recht schleppte ich mich humpelnd die zahlreichen Anstiege hoch. Wie nicht anders zu erwarten war die nächste Steigung nie die letzte Steigung. Doch aufgeben wollte ich nicht, mein eiserner Wille war ungebrochen.

Nach einigen Kilometern erreichten wir Castiello de Jaca. Das gepflegte 200-Seelen-Dorf mit seinen alten Steinhäusern war auf einem Hügel angelegt worden und wird von den Mauerresten seiner ehemaligen Burganlage dominiert.

An der Kirche San Miguel legten wir eine kurze Rast ein. Während ich es mir mit ausgestreckten Beinen leger auf einer Bank bequem machte, besichtigten Kurt und Manfred das großzügige Kirchengelände. Wie nicht anders zu erwarten, war die Kirche geschlossen.

An dem schönen Fleckchen ließe es sich stundenlang aushalten. Doch Pilger hält es nie lange an einem Ort. Ultreya! Weiter, heißt es seit vielen Jahrhunderten.

Wir gingen durch die steil abwärts führende, von schönen Steinhäusern umstandene Calle de Santiago, querten eine Brücke über den Río Aragón und folgten auf unbefestigten Wegen dem Flusslauf. Das breite Flussbett war von einem Meer aus kleinen Geröllmassen übersät. In Höhe einer Eisenbahnbrücke mussten wir mit ein wenig Geschick das fast ausgetrocknete Flussbett über einige Steinpoller überwinden.

Flussquerung kurz hinter Castiello de Jaca

Spätnachmittags erreichten wir Jaca. Strammen Schrittes liefen Kurt und Manfred durch die Vorstadtstraßen. Ich konnte ihnen nur humpelnd folgen. Auf der Suche nach einer Unterkunft fiel uns die Orientierung schwer. Man kann ja mal fragen! Doch die Verständigung in Englisch blieb schwierig. Wie so oft in Nordspanien. Nur wenige Spanier sprechen Englisch. Nach mehreren Fehlleitungen und erneutem Fragen erreichten wir endlich die kommunale Pilgerherberge. Genauso schnell, wie wir die Köpfe reinsteckten, waren wir wieder draußen. Sie gefiel uns nicht. Was machen? Wir holten den Wanderführer raus. Das Hostal Casa Mamré schien eine gute Lösung zu sein. Leider war es geschlossen.

Nach längerer Suche fanden wir schließlich in dem 2-Sterne-Hotel Pradas zwei geeignete Zimmer. Das in die Jahre gekommene Hotel lag ruhig und zentral in der Innenstadt. Mit Kurt teilte ich ein Doppelzimmer. Nicht unbedingt schön, aber sauber.

Nach der Dusche kümmerte ich mich um mein lädiertes Bein. Es schmerzte. Meine innere Zuversicht schwand zusehends. Wie eine bleierne Last lag das Problem auf mir.

Kurt kam aus dem Bad und schwang sich ächzend in die Horizontale. Auch er spürte die Strapazen der Tagesetappe.

Nach einer halben Stunde rafften wir uns auf, holten Manfred ab und gingen auf Erkundungstour in die Stadt.

Jaca blickt auf eine wechselvolle Geschichte zurück. In vorchristlicher Zeit von Iberern gegründet, wurde sie später von den Römern erobert und ausgebaut. Auch die Mauren fanden Gefallen an der strategisch wichtigen Stadt, bissen sich aber an ihr die Zähne aus. Sie konnte nie von ihnen bezwungen werden. Die Festungsanlagen stammen aus dem 16. Jahrhundert. Heute lebt die Stadt hauptsächlich vom Tourismus.

An einer Bar direkt gegenüber der Kathedrale machten wir Halt. Wir bestellten uns ein großes aragonesisches Ambar-Bier. Den frisch gezapften, perlenden Gerstensaft hatten wir uns redlich verdient. Während sich meine Freunde in Gespräche vertieften, schaute ich mir die aus dem 11. Jahrhundert stammende Kathedrale an. Sie ist eines der wichtigsten Monumente der spanischen Romanik und eng mit der Route des Jakobsweges verwoben. Als Attraktion gilt das Christusmonogramm im Bogenfeld des Hauptportals. An einem Stand im Gotteshaus erhielt ich einen schönen Stempel für meinen Pilgerpass.

Später schlenderten wir durch die gepflasterten Altstadtgassen mit teils wappengeschmückten Adels- und Bürgerhäusern. In einer typischen Tapas-Bar beschlossen wir den Abend in Begleitung von einigen delikaten Tapas-Häppchen und einer guten Flasche Vino tinto.

Im Hotelbett liegend, kreisten meine Gedanken wie ein wildgewordener Sputnik in seiner Umlaufbahn im Weltall. Wie geht es weiter? Wäre ich noch in der Lage morgen zu laufen? Wäre der Bus eine Alternative?

Sorgenvoll schloss ich meine Augen.

3
Das Kloster San Juan de la Peña
Jaca – Santa Cruz de la Serós, 18 Km

Sich fit und vital zu bewegen – das wünschen wir uns alle. Schließlich bedeutet es Glück in allen Lebenslagen. Durfte ich heute ein wenig daran teilhaben?

Ich richtete mich auf. Die ersten vorsichtigen Schritte zum Klo waren vielversprechend. Keine Schmerzen mehr. Meine Fußbremse schien sich über Nacht gelöst zu haben. Die schamanische Tinktur hatte offenbar gewirkt. Vielleicht schalteten sich auch die magischen Kräfte des Jakobsweges in den Genesungsprozess ein. Schließlich war der Jakobsweg ja mein Freund. Möglicherweise hatten beide im Rahmen einer Kooperation schmerzlösende Therapien für mich entwickelt. Gracias, ihr großen schamanischen Mächte! Muchas gracias Camino!

Wir schnürten unsere Rucksäcke und verließen das Hotel. Ein guter Wandertag beginnt nicht nur mit guten Gedanken, sondern auch mit einem fürstlichen Morgengold-Frühstück in einem schönen Café. Wie praktisch ist es doch, wenn sich ein solches direkt neben dem Hotel befindet! Die verlockenden Düfte der frischgebackenen Croissants und des aromatischen Kaffees weckten unseren Appetit und verleiteten zur Einkehr.

Wir setzten uns an die Theke, bestellten große Cafés con leche, Orangensaft und Schokoladencroissants. Flüchtig lernten wir eine schweizer Pilgerin namens Juana kennen. Auf dem Weg nach Santiago machte sie in Jaca Zwischenstation. Wir sollten ihr noch des Öfteren begegnen.

Wir brachen auf. Passend zur Lauflaune war es sonnig. Die in den Boden der Altstadtgassen eingelassenen Messingmuscheln und einige gelbe Pfeile führten uns zum Stadtrand. Wir streiften einen Kreisverkehr, bogen rechts in eine größere Wohnsiedlung ab und erreichten bald einen Wanderweg.

Zu unserer Rechten mauserte sich der Río Aragón immer mehr zum erwachsenen Fluss. Nahezu kristallinisch schien die im Hintergrund flimmernde schneebedeckte Bergkette der Pyrenäen aus dem Boden hervorzubrechen. Passend dazu verpflichtete sich das sanfte Rauschen des fließenden Wassers zu einer musikalischen Untermalung. Dieser Landstrich war ohne Frage mit einer Fülle von wachstumsfördernden Düngemitteln für die Seele ausgestattet.

Ein Prachtexemplar von einem Milan kreiste im verdächtigen Abstand über unseren Häuptern. Er war auf fette Beute aus. Bestimmt standen Leckerbissen der aragonesischen Tierwelt auf seinem Speiseplan. Oder hatte er es auf den Rest von Kurts Wildschweinsalami abgesehen? Wohl eher nicht, denn irgendwann drehte er zielorientiert in Richtung Fluss ab.

Kurz hinter einer Baustofffabrik führt eine Abzweigung über das Miniörtchen Atarés zum Kloster San Juan de la Peña. Der mehrstündige Aufstieg dorthin soll steinig und hart sein. Insbesondere im Hinblick auf den Zeitaufwand hatten wir einen anderen Plan. Wir folgten den gelben Wegzeichen bis zu einer Hinweistafel an einer Landstraße. Ein Blick nach links, dann nach rechts und schwuppdiwupp huschten wir hurtig über die Fahrbahn.

Schwuppdiwupp über die Landstraße!

Über einen schönen Pfad entlang einer Bergflanke näherten wir uns dem Hotel Aragón, einem für uns strategisch wichtigen Punkt auf dem Weg zum Kloster. Dort besteht die Möglichkeit, ein Taxi zum Felsenkloster zu bestellen. Auf dem Parkplatz vor dem Hotel stand wie auf einem Präsentierteller ein VW-Bus. Offenbar hatte er schon eine Suchmeldung nach drei seriösen Pilgererscheinungen ausgerufen. Wir gingen rein und fragten den Wirt.

»Ja, ein Kollege kann euch zum Kloster fahren«, meinte er zackig. Für 15 Euro. Wir staunten nicht schlecht. Ein Spottpreis! Noch schnell einen leckeren Kaffee geschlürft und wir stiegen ein.

Über eine steile Bergstraße knechtete sich das Taxi, umrahmt von einer hinreißenden Bergkulisse, mühsam zum etwa 1.200 Meter hoch gelegenen Nationalheiligtum der Aragoner. Nach einer Viertelstunde erreichten wir unser Ziel.

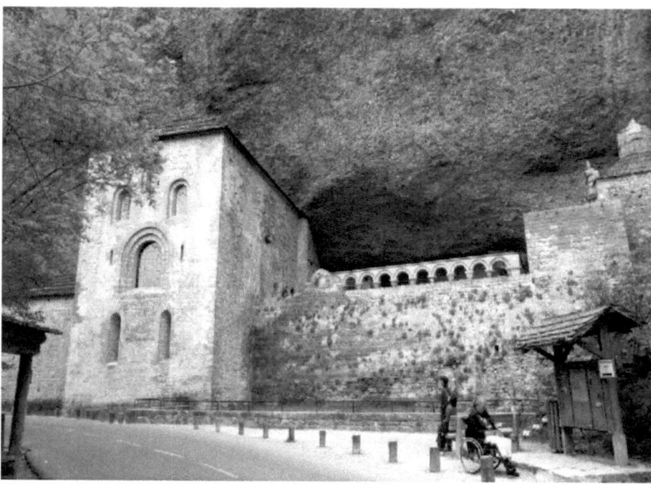

Ein Meisterwerk sakraler Baukunst: Felsenkloster San Juan de la Peña

Als Trio standen wir wie angewurzelt vor dem Kloster. Was für ein grandioser Anblick! Aus dem Boden brechend, eingewachsen unter riesigen, nahezu erdrückend wirkenden rötlichen Felsüberhängen, passt sich das Kloster wie ein wundervolles Vermächtnis aus einer alten Zeit in seine Umgebung ein. Die wilden Berge der Sierra San Juan de la Peña scheinen wie vorbestellt für das sakrale Meisterwerk. Bestimmt stellte es hohe Anforderungen an seine klugen Baumeister. Uns vertraute Baufahrzeuge oder Kräne gehörten seinerzeit nicht zur Baustellenausrüstung. Letztendlich waren es fleißige, unermüdliche Menschen, ausgerüstet mit primitiven Werkzeugen, die mit viel Ausdauer, Opferbereitschaft, Schweiß und Qualen dieses einmalige Bauwerk schufen.

Seine Entstehungsgeschichte schreibt das Felsenkloster im 9. Jahrhundert. Zu einer Zeit, wo große Teile Spaniens von den Mauren besetzt waren. Es galt als Symbol des Widerstandes des christlichen Glaubens gegen die moslemischen Besatzer. Zunächst wurde ein kleines Klostergebäude von Eremiten errichtet. Im 11. Jahrhundert ließ *König Sancho von Navarra* das eigentliche Kloster für den damals einflussreichen Benediktinerorden bauen. Später kamen verschiedene Gebäude, insbesondere die sehenswerte zweistöckige Kirche, hinzu. Hier soll der Legende nach zeitweise der Heilige Gral aufbewahrt worden sein. Nach einem verheerenden Brand musste das

Kloster im 17. Jahrhundert neu aufgebaut werden. Gleichzeitig begannen bauliche Aktivitäten für die Errichtung eines neuen Klostergebäudes auf einem Plateau oberhalb des ursprünglichen Klosters. Die zerstörerischen Auswirkungen des spanischen Unabhängigkeitskrieges führten zum endgültigen Aus von beiden Klöstern.

Wir lösten an einem Kassenhäuschen eine kombinierte Eintrittskarte für 12 Euro, die den Besuch des alten und neuen Klosters erlaubte.

Im Unterbereich erschließt sich der sogenannte Konziliensaal mit seinen Bogengewölben. Die Mönche nutzten ihn als Schlafsaal. Durch Scharten, die auch als Belüftungsschlitze dienen, dringt spärliches Tageslicht ein. An einer Stelle fließt Wasser aus einer kleinen Quelle. Sie sollte nicht nur nachts den Durst stillen, sondern diente unwilligen Mönchen auch als Strafe. Stundenlang mussten sie unter einer abgeleiteten »Tropfanlage« ihre Köpfe hinhalten und unentwegt die herabfallenden Wassertropfen ertragen. Eine perfide Form nass-grausamer Bestrafung! In der Regel waren sie hinterher gefügig. Oder verrückt. Bekanntlich höhlt steter Tropfen den Stein. Warum sollte das bei Kleriker-Köpfen anders sein? Hartnäckig nährt sich hieraus die These: Durch die feuchte Foltermethode wurden systematisch die letzten Gehirnzellen ausgeschwemmt und die Köpfe waren anschließend hohl wie eine Nuss. Nicht alle Mönche sollen seinerzeit klug gewesen sein. Jetzt wissen wir auch, warum!

Prunkstück der gesamten Anlage ist der Kreuzgang. Die romanischen Säulen stammen aus dem 12. und 13. Jahrhundert. Ihre gut erhaltenen Kapitelle sind die Kronjuwelen des Klosters. Die Zeugnisse hoher Steinmetzkunst offenbaren sich in biblischen Szenen, insbesondere aus dem Leben Jesu. Einige der Kapitelle bilden der Fantasie entsprungene Tiere ab. Aus dem talabwärts gerichteten Blickwinkel des Kreuzganges wird nicht nur die majestätische Schönheit, sondern auch die beeindruckende Lage des Gesamtkomplexes deutlich.

In der Obhut des überragenden schützenden Felsmassivs, den Blick verlierend in die Ferne der schneebedeckten Pyrenäen-Gipfel gerichtet, eingetaucht in die Stille der Natur. Gibt es einen schöneren Ort, um in Demut innezuhalten? Die damaligen Mönche besaßen ein beneidenswertes Domizil, um ihre Gebete in die Weite des Universums zu entlassen.

Mit dem Shuttlebus, der im halbstündigen Turnus zwischen dem alten und neuen Kloster pendelt, fuhren wir hoch zum Plateau.

Ja, schön anzusehen ist sie, die barocke Fassade des Neuklosters. Die rötlichen, teils erneuerten Ziegelgebäude besitzen aber bei weitem nicht

Nächste Seite: Kreuzgang
Übernächste Seite: Kapitelle mit biblischen Szenen

die Ausstrahlung und die magische Anziehungskraft des alten Klosters. Der Komplex besteht aus einem 4-Sterne-Hotel, Restaurant und Museum.

In einem kleinen Shop, der ein größeres Sortiment an Andenken vorhielt, ließen wir unser Eintrittsticket entwerten. Wir betraten die großzügigen hallenähnlichen Räumlichkeiten.

Der Konvent war seinerzeit eine funktionierende Zweckgemeinschaft, dessen Infrastruktur einer Kleinstadt ähnelte. Ora et labora, »bete und arbeite«, hieß das Motto. Damals wie auch heute. Neben dem religiösen Hintergrund mit all seinen komplexen Details mussten zugleich die Bürden des Alltags gestemmt werden. Denn: Auch Kleriker hatten Grundbedürfnisse. Sie wollten nicht nur den Herrgott lobpreisen, sondern auch gut essen, Bier trinken und schlafen. Mitunter wurden sie krank oder hatten Zahnschmerzen. Gewiss beanspruchte die Klosteranlage Erhaltungspflege und Reparaturen. Es dürfte keinen wundern: Für alle Probleme gab es ganzheitliche Lösungen.

Im Hinblick auf die einsame Lage, war für das Kloster ein umfassendes Selbstversorgungssystem zwingend erforderlich.

Mit viel Liebe zum Detail werden auf den Museumsflächen einige lebensnahe Szenen des damaligen Klosteralltags nachgestellt. Ob Schreinerei, Backstube, Schmiede, die Tätigkeiten des Baders oder Alchemisten, die Lebensbedingungen wurden in authentischen Darstellungen mit lebensgroßen Figuren nachgebildet. Wer sich die Bilder gerne aus der Vogelperspektive ansehen möchte, der begebe sich in die erste Etage. Dort ist ein großflächiger Glasfußboden eingezogen, der einen ungewöhnlichen Einblick in die damaligen Verhältnisse ermöglicht.

Monasterio Nuevo, das neue Kloster

Nach einem guten Café con leche im Klosterrestaurant verließen wir die Anlage. Dabei hätten wir gut und gerne noch einen zweiten und dritten Kaffee trinken können. Der Busfahrer machte nämlich gerade seine planmäßige Siesta. Erst um 15 Uhr sollte sich der Pendelbus wieder in Richtung altes Kloster bewegen. Wir nutzten die Zwischenzeit auf unsere individuelle Art aus. Den Rucksack als stützendes Element unter den Nacken positioniert, den Körper in die Horizontale beordert, die Beine ausgestreckt, so sah unsere der Situation geschuldete Interpretation von einer Pilgerpause auf der grünen Wiese aus. Der Wettergott hatte wohl eine andere Auslegung, schickte uns nach einer Weile eine Abordnung von ersten Regentropfen und scheuchte uns in das Wartehäuschen der Bushaltestelle.

Da kauerten wir nun. Der Wind pfiff durch alle Ritzen. Gemütlich war es nicht. Nach einer Viertelstunde erbarmte sich der Busfahrer und öffnete die Türen. Statt auf einer harten Holzbank, konnte sich unser Gesäß nun auf bequemen Komfortsitzen ausbreiten. Kurze Zeit später fuhr der Bus los und brachte uns wieder zum alten Kloster zurück.

Noch einen letzten Blick auf die atemberaubende Lage des Felsenklosters gerichtet und auf ging es nach Santa Cruz de la Séros, unserem heutigen Ziel. Sensibilisiert durch die Hinweise unseres Wanderführers schwante uns schon vorab: Dieser Weg wird kein leichter sein. Wer meint, der Abstieg bis zum kleinen Bergdorf sei ein Honigschlecken, der irrt. Der Weg empfing uns mit ungeahnten Hürden! Steil, sehr steil führte er über mehrere Kilometer schonungslos bergab. Der einsetzende Regen erschwerte die Situation, es wurde an manchen Stellen brenzlig! Der kaum sichtbare Schmierfilm auf den Steinen entpuppte sich als heimtückische Rutschbahn. Nur gut, dass wir mit Trekkingstöcken ausgerüstet waren. Sie waren in gewisser Weise unsere Bodyguards. Unsere Bewegungen wurden dadurch abgesichert und stabilisiert. Selbst, wenn wir ausgerutscht wären, wir hätten unsere strauchelnden Körper wahrscheinlich noch abfangen können. Eine beruhigende Vorstellung.

Kurt und Manfred gingen voraus. Das war mir sehr recht. So konnte ich unbeobachtet in aller Ruhe meine Schritte setzen – gezielt, behutsam, betont vorsichtig. Mit Rücksicht auf meine abklingende Sehnenreizung. Offensichtlich hatten es die Schamanen geschafft, die bösen Geister endgültig aus meinem Bein zu vertreiben.

Steiler Abstieg nach Santa Cruz

Die Sicht erlaubte einen nahezu ungetrübten Blick auf die schweigende Bergwelt des Naturparks San Juan de la Peña. Trotz der grauen Wolken präsentierte sie sich mir nicht als botanisches Aschenputtel. Erhellende Sonnenstrahlen wären zwar eine krönende Schminke gewesen, doch auch die ungeschminkte Ausstrahlung erzeugte eine natürliche Schönheit. So wie eine schöne, ungeschminkte Frau ihre Attraktivität nicht durch ein fehlendes Rouge verliert.

Der Regen ließ nach und verflüchtigte sich später. Aber der steinige, von knorrigen Wurzeln durchtriebene Pfad erforderte nach wie vor erhöhte Aufmerksamkeit. Kinderwagentauglich war der Weg nicht gerade.

Als naturverliebter Pilger wanderten meine Blicke nicht nur nach unten. Auch die luftige Höhe stand unter Beobachtung. Die Gegend ist bekannt für ihre Geier-Population. Bart-/Gänse- und Schmutzgeier sollen hier beheimatet sein. Gerne hätte ich ein Exemplar gesichtet. Doch mein Wunsch beruhte wohl nicht auf Gegenseitigkeit. Die Geier blieben verborgen, hatten »keinen Bock« darauf den Peregrino aus Deutschland kennenzulernen.

Dafür präsentierte sich die Flora in Hochform. Tief und innig umklammerten Krüppeleichen und säulenförmige Buchsbaumsträucher den Weg. Ein Meer aus Blumen reizte in einem formvollendeten Ausgehkleid. Insbesondere der Pyrenäen-Steinbrech ist hier – wie auch in anderen Regionen Aragoniens – heimisch. Prächtige, mitunter 30 cm hohe Pflanzen mit Bilderbuchblüten finden in den felsigen Hängen Halt. Fast spalierartig umsäumen sie an manchen Stellen den Pfad und begeistern den vorbeikommenden Wanderer.

Nach einer Stunde zermürbenden Abstiegs waren die ersten Umrisse des 190-Seelen-Dorfes Santa Cruz de la Serós erkennbar. Wie ein Solitär lag das von seiner grünen Bergwelt umgebene, tief verschlafene Nest zu meinen Füßen.

Ich schloss wieder zu Kurt und Manfred auf. Immer wieder hielten wir an, atmeten tief durch und blickten auf die nun näher rückenden alten Steinhäuser des Bergdorfes. Was für eine faszinierende Ansicht! In unserer Hochstimmung legten wir »einen Zacken« zu und wollten möglichst schnell zu unserem Ziel gelangen.

Es war 17 Uhr. Wir erreichten das Hostal Santa Cruz. Es wirkte verdächtig leblos. Wir stiegen die Treppe hoch, schauten durch die Fenster in das Restaurant. Kein Licht, verschlossene Türen! Unsere Gesichter wurden lang wie ein Metermaß. Wir stiegen wieder hinunter. »Cerrado los lunes« stand auf einem Schild: »Montags geschlossen«. Heute war Montag!

»Warum ist heute nicht Dienstag?«, fluchte Kurt.

»Weil heute Montag ist!«, feixte Manfred.

Manfreds Logik war bestechend! Aber sie half uns im Moment nicht weiter. Wir gingen zur Rückseite des Gebäudes. Auch hier waren alle Türen verriegelt. Was nun? Wir schauten uns nochmals genau das Schild an, das auf der Vorderseite angebracht war. Dort war eine Telefonnummer vermerkt. Immerhin ein vielversprechender Hinweis. Wohlwissend, dass es Verständigungsprobleme geben könnte, sprachen wir einen spanischen Touristen an, der gerade mit seiner Frau aus einem Auto stieg. Glücklicherweise sprach er ein wenig Englisch. Wir schilderten unser Problem und baten ihn für uns anzurufen und nach zwei Zimmern zu fragen. Der Spanier telefonierte. Alsbald zeigte sein Daumen nach oben. In 20 Minuten wolle der Besitzer des Hostals bei uns sein, meinte er. Wir bedankten uns herzlich bei dem netten Spanier.

Mit »deutscher« Pünktlichkeit erschien der Hostal-Mann. Die Verständigung war schwierig, aber sie funktionierte irgendwie. Mit einem Stift kritzelte er die Zahl »50« auf einen Zettel. Das war der Preis für ein Doppelzimmer. »Okay«, signalisierten wir. Er zeigte uns die Zimmer. Auf den Punkt gebracht: komfortabel, sauber, gemütlich. Und mit Balkon in Blickrichtung Kirche. Herz, was willst du mehr? Wir waren mehr als zufrieden.

»Wo können wir essen?«, wollten wir wissen. Heute seien im Dorf der einzige Lebensmittelladen und die beiden Restaurants geschlossen, erklärte er. Dafür sei ein Keramikgeschäft geöffnet. Das half! Keramikgeschäft! Gebrannte Tonkrüge, zerstückelt und zermalmt, das sind begehrte Hungerkiller. Daran verzweifelt jeder Magen. Aus Keramikschalen kann man essen, aber man kann sie nicht essen! Irgendwie verstanden wir die Welt nicht mehr, zumindest nicht die in Santa Cruz. Der ansonsten freundliche Hostalier verschwand schulterzuckend, ließ uns ziemlich ratlos in dem schönen Anwesen zurück.

Ist nicht eine asketische Lebensweise während einer Pilgerwanderung ohnehin oberstes Gebot? Idealerweise bot sich nun eine gute Gelegenheit, diesem Prinzip zu folgen. Man möge Asche über unsere Häupter streuen, im Moment wollten wir lieber Abtrünnige dieser Regel sein.

Nach dem Duschen gingen wir auf Erkundungstour. Die gegenüberliegende sehenswerte Kirche Santa Maria zog von Anfang an unser Augenmerk auf sich. Dabei handelt es sich um die Überreste des wohl berühmtesten Nonnenkloster Aragoniens. Im 11. Jahrhundert gegründet, etablierte es sich als Versorgungseinrichtung für nicht verheiratbare Mitglieder des aragonesischen Hochadels. Zur Erinnerung: Das Mönchskloster San Juan de la Peña wurde im gleichen Jahrhundert erbaut und liegt nur wenige Kilometer vom Nonnenkloster entfernt. Nonnen und Mönche, so nah beieinander? Mhm ..., ein Schelm, wer Böses dabei denkt. Im 16. Jahrhundert wechselten die Benediktinerinnen in ihre neue Residenz nach Jaca über. Nur die verschachtelte Klosterkirche mit ihrem Turm blieb erhalten.

Wir betraten das Gotteshaus. Die alten Gemäuer atmeten den Geist vergangener Zeiten. Die Kirche glänzt insbesondere durch ihre Stilreinheit. Zwei durch Rundbögen geöffnete Kapellen zu beiden Seiten der Apsis bilden das Querschiff. In ihrer Schlichtheit wirkt sie außergewöhnlich.

Als weitere Attraktion im Ort gelten die für die Region typischen kegelförmigen Großraum-Kamine. In ihrem Inneren besitzen sie gemütliche Plätze, in dem sich – früher wie auch heute – in der Winterzeit das Familienleben abspielt.

Kegelförmige Kaminbauten in Santa Cruz

Wir sichteten den Keramikwarenladen. Buntbemalte Vasen, Teller, Gefäße, schön anzusehen. Doch nichts für unterwegs und schon gar nicht für Rucksack-Pilger! Keine Kekse, keine Schokolade, keine Nüsse. Nicht die Spur von irgendetwas Essbarem! Für uns ein Grund, um den ansonsten schönen Laden enttäuscht zu verlassen.

Wir bummelten durch die kleinen leblosen Gassen zu einem Restaurant. Nur ein kleines Notlicht brannte. Ich ging zur Tür, drückte die Klinke und stand auf einmal im Gastraum. Eine Person guckte grimmig auf und fauchte mich in ihrem spanischen Kauderwelsch an. Sollte wohl »geschlossen« oder »verschwinde hier« heißen!

Da standen wir nun. Müde, hungrig, betrübt. Wir gingen zur Pension zurück.

Als wir ankamen, waren gerade zwei ältere Spanier im Begriff, in ein Auto zu steigen. Ich rannte auf den Beifahrer zu und fragte ihn freundlich, ob er uns bis zum Hotel Aragón mitnehmen könne. Er verstand mich offensichtlich nicht! Mit der hohen Schule der Gestik, verbunden mit einer Charme-Offensive allererster Güte, versuchte ich ihm unser Anliegen zu erklären. Entweder wollte oder konnte er mich nicht verstehen. Ich startete den letzten Versuch, schrieb das Wort »Hotel Aragón« auf einen Zettel und warb mit eindeutigen Verrenkungen um eine Mitfahrgelegenheit. Kein »Ja«, kein Nicken. Ich gab entgeistert auf.

Manfred hatte inzwischen die Rufnummer der Taxizentrale aufgespürt. In 20 Minuten sollten wir abgeholt werden. Nach einer halben Stunde fuhr das Taxi vor. Wir stiegen ein, nannten unser Fahrziel und fragten nach dem Preis. 20 Euro war die prompte Antwort. Unsere Gesichter verfinsterten sich. 20 Euro? Für nur fünf Kilometer?

»Ja«, meinte der Taxifahrer, schließlich sei er von weit hergekommen. Ungläubig schauten wir uns an. Eine unverschämte Forderung!

»Dann machen wir es anders, was kostet die Hin- und Rückfahrt?«, wollten wir nun wissen.

»40 Euro!«, entgegnete der Taxifahrer.

Wir fingen an zu lachen und schüttelten den Kopf.

»Nein, das ist zu viel!«, signalisierten wir ihm.

Von unserer heftigen Reaktion beeinflusst, ließ er sich dann auf 30 Euro herunterhandeln. Immer noch ein stolzer Preis!

Nach wenigen Minuten erreichten wir das Hotel Aragón. Es war jetzt 19.30 Uhr. Wir verabredeten, dass uns das Taxi um 21.15 Uhr wieder abholen sollte. Alles war gut. Aber nur für kurze Zeit.

Wir betraten den Gastraum und wollten im Restaurant Platz nehmen.

»Essen gibt es erst ab 21 Uhr!«, rief uns der Wirt zu.

Der nächste Schock!

»Was, erst um 21 Uhr?«, schauten wir ihn ungläubig an.

»Ja, die Küche öffnet erst um diese Zeit«, erwiderte er mit einer Gewissheit, die unsere Gesichtszüge versteinern ließ. Sollten wir uns heute etwa mit trockenen Erdnussstangen, süßer Schokolade und fettigen Kartoffelchips, die in den Regalen auf Käufer warteten, sättigen?

»Gibt es wenigstens Bocadillos?«, fragte ich in einem Anflug von leichter Verzweiflung.

»Ja«, antwortete er nicht unbedingt begeistert.

Wenigstens das. Ich hatte insgeheim fast mit einem »Nein« gerechnet. Während Manfred und Kurt sich auf Schinken festlegten, orderte ich Käse-Belag.

Zunächst stillten wir mit einem großen Bier unseren Durst. Es schien so, als würden wir uns unseren inneren Groll damit herunterspülen.

Kurze Zeit später kam der Wirt, drei Teller mit riesigen, überquellenden Bocadillos in seinen Händen haltend. Mit großer Begierde machten wir uns über die Stullen her und vertilgten sie in Nullkommanix. Ein großes Bier folgte.

Pünktlich um 21.15 Uhr erschien das Taxi. Mit zwei Flaschen Rotwein im Arm stiegen wir ein. Als wir wieder unser Quartier in Santa Cruz erreichten, begann es bereits zu dämmern.

Die Kirche wurde von mehreren Scheinwerfern angestrahlt und wirkte wie ein Foto auf einer Postkarte. Irgendwie machte sich innere Freude breit. Vielleicht war es auch eine Art von Vorfreude, denn den anbrechenden Abend wollten wir in Begleitung des Rotweins auf dem Balkon unseres Zimmers verbringen.

Da saßen wir nun. Auf unseren Logensitzen. Erst unterhaltend, dann fast wortlos, später gedankenversunken, den Blick auf die Nähe der erhellten Klosterkirche und die Ferne der im Dunkel versinkenden Berge gerichtet. Sich einfach mal treiben lassen, ausschwingen lassen, was unterwegs in Bewegung geraten war. An dieser Stelle wurden auch die dünnsten und trockensten Stellen der Seele eingecremt.

Es war romantisch. Sehr romantisch. Romantik ist wichtig. Ohne Romantik zieht es einem die Farbe aus dem Rotwein oder womöglich aus dem eigenen Leben.

Je mehr sich die Umrisse der Bergkulisse in die Finsternis der Nacht zurückzogen, desto stärker schob sich die angestrahlte Kirche in den Vordergrund. Es schien, als wolle sie sich nochmals so richtig im hellen Scheinwerferlicht sonnen, dabei die ganze Schönheit der verblühten Vergangenheit ins Rampenlicht rücken. Vielleicht um unsere Bewunderung einzufordern. Oder um die verliebten Blicke eines Romantikers zu suchen.

Von den Eindrücken beseelt, saßen wir noch lange auf den Stühlen. Bis die Schwere des Körpers und die müden Augen uns übermannten. Es wurde Zeit für die Horizontale.

Bevor ich die Vorhänge zuzog, warf ich noch einen letzten Blick nach draußen. Stoisch ragte sie in die Dunkelheit. Die Kirche. Wie der achtsame Wächter meines Schlafes. Und die finsteren Berge schienen die Geheimnisse der Nacht zu hüten.

Prächtiger Dämmerungs-Blick auf die Klosterkirche

Bergdorf Santa Cruz de la Serós

4
Die Katze
Santa Cruz de la Serós – Arrés, 17 Km

Wörter brauchen manchmal Auslauf. Katzen sowieso. Sie lieben grenzenlose Freiheit. Wörter können zuweilen Gewicht haben. Katzen mitunter auch. Wörter suchen schon mal nach Ergebnissen. Katzen ebenfalls. Sie sind instinktiv auf Beutezug geeicht und gehen auf die Jagd. Doch in die Jahre gekommen, könnte etlichen Katzen ihr Jagdtrieb vergangen sein. Mäuse dürften dann ihre helle Freude an den gealterten, phlegmatischen, müden Stubentigern haben und würden freundlich grüßend im Stechschritt paradieren.

Sie stammte aus dem letzten Jahrhundert. Genaugenommen war sie 23 Jahre alt. Der Zahn der Zeit hatte mächtig an ihr genagt. Deshalb war sie auch fast zahnlos. Die Katze von Arrés. Ihr Zuhause: eine Behausung in einer Bar. Liebevoll umsorgt von einer menschlichen Katzenmutter. Quasi eine Art von Betreuung nach Pflegestufe 1.

Doch schön der Reihe nach: Der Blick nach draußen offenbarte Schmuddelwetter. Nieselregen und Nebelschwaden hüllten die Berge in ein dunkles Trauergewand. Ob man will oder nicht: Die persönliche Stimmung leidet darunter.

Das fürstliche Frühstück mit so allem Drum und

Dran sorgte tendenziell für Auftrieb.

Santa Cruz entließ uns erst um 9.30 Uhr in den grauen Morgen. Am Ortsausgang führte die Strecke zunächst über einen Wirtschaftsweg, dann über einen hügligen Trampelpfad in eine sanft wellige Berglandschaft hinein. Der karge Boden ließ nur eine niederwüchsige Vegetation zu. Krüppelkiefern und Wacholdersträucher fühlen sich hier heimisch. Über ausgetretene, teilweise steinige schmale Pfade ging es steil bergauf. Und im Wechselspiel wieder steil bergab. Bis die Hügelkette überwunden war.

Der Blick in die wolkenverhangenen Berge kündigte Unheil an. Es fing an zu regnen. Als wenn ihn der Hafer stechen würde, machte Kurt Tempo und setzte sich immer weiter von uns ab. Bis er von der Bildfläche verschwunden war. Schade nur, dass er in seinem läuferischen Eifer einen gelben Pfeil übersehen hatte. Dabei bewahrheitet sich immer wieder: Man muss aufpassen wie ein Luchs. Beispiele aus der Tierwelt sind manchmal sehr lehrreich. Denn: Unaufmerksame Momente bestraft der Weg auf seine eigene Weise.

Im Hinblick auf die nun heftig einsetzenden Regengüsse suchten Manfred und ich Zuflucht unter einem Scheunendach. Mit einem Seufzer dachten wir an Kurt. Er blieb verschwunden, war trotz des inzwischen gut einsehbaren Geländes wie vom Erdboden verschluckt.

Nach einer Weile wanderten wir bei nachlassendem Regen weiter, immer Ausschau nach dem verlorenen Wanderfreund haltend. Am Ortseingang von Santa Cilia machten wir Halt. Ein Versuch, ihn per Handy zu erreichen, schlug fehl. Nach einer halben Stunde tauchte er dann auf. Durchnässt, irritiert, von seinem Irrlauf gezeichnet. Durch eine kleine Unachtsamkeit hatte er sich an einer Gabelung verlaufen und sich so einige unnötige Kilometer Umweg eingebrockt.

In einer nahegelegenen Bar munterten wir uns bei einem abscheulich schwachen Café con leche auf. Tchibos beste Bohne ließ grüßen! Wenigstens die Wärme im Lokal stimmte.

Nach der kurzen Rast brachen wir wieder auf. Erneut setzte Regen ein. Wir stießen auf ein älteres französisches Ehepaar. Die beiden waren in Toulouse aufgebrochen und wollten über Santiago bis zur Atlantikküste nach Muxía laufen. Durch einen mehrjährigen beruflichen Deutschlandaufenthalt war mit der Frau eine gute Verständigung möglich. Sie erzählte mir, dass sie sich täglich eine Strecke von rund 30 Kilometern vornehmen würden. Ganz langsam und fast ohne Pausen.

Diese Eigenart des Wanderns gilt zwar als speziell, ist aber durchaus genussvoll. Und intensiv dazu! Denn: Nur der Langsame sieht den perlenden Tau auf den Grashalmen, riecht an den duftenden Blumen, genießt das Geräusch der murmelnden Bäche und verharrt bei den Lauten der

Tierwelt. Sich einmal am Tag für eine halbe Stunde einem Exerzitium der Langsamkeit zu unterziehen ist eine wunderbare Therapie, um Flora und Fauna mit der Lupe zu betrachten und sich dabei herrlich zu entschleunigen.

Kurz vor Puente la Reina de Jaca passierten wir einen dunklen, verwunschen wirkenden Märchenwald. Mit Absicht hielt ich zu Kurt und Manfred Distanz. Ich wollte allein sein.

Nirgends wird der Mensch in seinem Innersten freier als in der Natur. Meine Blicke wanderten umher. Sie drangen in eine grüne Pflanzenwelt ein. Ohne Skrupel dominierte die Farbe Grün monopolistisch ihre botanischen Untertanen. Moosbewachsene Felsen, das Laub der Bäume, Farne, alle unterwarfen sie sich schweigend dem grünen Diktat.

Die Stille wirkte unheimlich.

Wie schön, dass ich bald auf steinerne Wegbegleiter stieß. Eine von Pilgern erschaffene Armee von Steinmännchen hatte es sich zur Aufgabe gemacht, den nachfolgenden Wegabschnitt zu bewachen. Ursprünglich als Wegmarkierung gedacht, bezeugen sie heutzutage eher eine symbolische Verbundenheit zum aktuellen Standort. Hunderte von aufgeschichteten Türmchen kauerten an beiden Seiten des Weges eng beieinander. So eine Stelle reizt, um sich selbst zu verewigen. Meine kreativen Hände sorgten prompt für ein strammes Nachwuchs-Exemplar.

Ich schloss wieder zu Kurt und Manfred auf. Auch sie standen ein Stück weiter mit bewundernden Blicken vor den steinernen Gebilden.

Steinmännchen kurz vor Puente la Reina de Jaca

Bald erreichten wir wieder das Flussufer. Der inzwischen auf eine beachtliche Breite angeschwollene Río Aragón fließt nun durch den sogenannten Canal de Berdún, das breite Tal des Aragón. Der Weg in die Stadt führt über eine sehenswerte mittelalterliche sechsbögige Brücke.

Gleich am Anfang kehrten wir in ein von Einheimischen gut besuchtes Restaurant ein und sicherten uns ein schönes Plätzchen in der Nähe des Kamins. Unfähig, die Speisekarte zu verstehen, folgten wir der Empfehlung der netten Señora und orderten ein Menü mit Vorsuppe, Pollo (Huhn) und Dessert für 12,50 Euro. Schonend für das Budget. Zügig wurden die Gänge serviert, was wir sehr begrüßten. Schließlich hatten wir nicht die Absicht, hier zu wurzeln.

Um 14.30 Uhr zogen wir wieder los. In östlicher Richtung tobte ein schweres Gewitter. Die tiefschwarzen Wolken schienen unsere Richtung einzuschlagen. Gab es ein Entrinnen? Wir erhöhten die Schlagzahl, dabei immer nach einem Unterschlupf Ausschau haltend. Wer würde gewinnen? Nach einer halben Stunde der akuten Bedrohung entschied sich die Wetterfront abzudrehen und sich ein anderes Gebiet auszusuchen. Erleichtert nahmen wir die neue Entwicklung zur Kenntnis. Mit Zuversicht konnten wir nun den steilen Aufstieg entlang einer Bergflanke in Angriff nehmen. Der schmale unbefestigte Pfad schlängelte sich durch eine größtenteils zwergwüchsige Vegetation, die ab und zu von Laub- und Nadelbäumen unterbrochen wurde. Unter dem Eindruck der in der Ferne kreisenden Geier vermittelte die Weite des breiten Aragóntales einen Hauch von Pathos.

Nach einer knappen Stunde erreichten wir den kleinen Bergweiler Arrés. Ein Blick in die gut gefüllte Herberge mit ihren engen Bettgestellen reichte, um uns anderweitig zu orientieren. Wobei die Auswahl in der Ansiedlung bescheiden war. Sehr bescheiden sogar. Die einzige Bar El Granero bot zahlungswilligen Pilgern noch einige sehr schöne Doppelzimmer zu einem Preis von

53 Euro an. Mit atemberaubender Aussicht inklusive. Kurt und Manfred nickten stellvertretend für mich. Nicht immer waren wir uns so einig.

Blick auf den Bergweiler Arrés

Nach getaner Arbeit lechzt der verschwitzte Körper nach einer ausgiebigen Dusche. Lange ließ ich die warmen Wasserstrahlen auf mein Haupt und meinen Körper einwirken. Ach, wie war das schön! In ein flauschiges Handtuch eingehüllt, versank ich anschließend in einen ultimativen Wohlfühl-Kick.

Schlemmen, schmausen, essen wie ein Gott in Frankreich? Tolle Worte. Widerworte. Worte, die in Arrés ausgesperrt wurden. Einfach aus dem Vokabular gestrichen! Nicht mehr existent! Verbannt in die Steinzeit der Feinschmecker.

Wir hatten Hunger bis unter die Fußsohlen. Unser Magenknurren stand an der Schwelle einer unberechenbaren Eskalation, als wir die Bar betraten.

»Manjar?« Die Wirtin schüttelte den Kopf.

»Bocadillo?« Die Wirtin nickte. Uff! Wenigstens ein Minimum an Essbarem war vorhanden. Wer sich in Verzicht üben möchte, wurde hier nicht unbedingt auf eine harte Probe gestellt.

Wir bestellten drei große Gläser Ambar-Bier. Die kräftige Señora verschwand hinter der Theke und betätigte den Zapfhahn. Mit Hochdruck strömte das Bier schäumend aus der Leitung. Allein die Beobachtung erzeugte Begehrlichkeiten. Zügig servierte sie uns den perlenden Gerstensaft. Und verschwand wieder in der Küche.

Zeit, um einen Blick in die Gaststube zu werfen. Offensichtlich wurde sie privat auch als Wohnzimmer genutzt. Mit unmotivierter, lustloser Miene an einem Tisch sitzend, befasste sich der junge Wirtssohn gerade mit seinen Schulaufgaben. Rechts von ihm bedeckten mehrere Stapel von unsortierten Blättern großflächig den Boden. Weitere Unterlagen türmten sich auf drei Stühlen.

Es ist so, irgendwann muss man sich im Leben entscheiden, entweder für Ordnung oder Unordnung. Der Junge hatte sich für ein perfektes Chaos entschieden. Angeregt spielten seine Füße unter dem Tisch mit einem Fußball. Deutlich offenbarte sein Outfit wohl auch seine innere Gesinnung: mit einem Trainingsanzug bekleidet, wollte er die ungeliebten Schulaufgaben mit einer

Trainingseinheit verknüpfen. Dabei starrte er meistens interessiert auf den Fernseher. Die Indizien einer optimalen Lernkulisse mit guten Konzentrationsbedingungen waren nahezu erdrückend!

Zuweilen bekommt Ironie eine eigene Dynamik. Sehen wir es mal locker: Fußball, Fernsehen, ein Bündel verstreuter Schulhefte – die perfekte Mischung, um aufkeimenden Lerneifer im Abgrund der Unlust zu versenken! Ein Giftcocktail gegen gute Schulnoten. Karriere? Nein danke!

Rechts daneben, auf der Fensterbank, thronte in bevorzugter Wohnlage eine Katzenbehausung. Die Bewohnerin, eine schwarze Katze, streckte zunächst nur schüchtern den Kopf heraus.

Die Bocadillos waren im Anmarsch. Mit Heißhunger stürzten wir uns auf die belegten Brote.

Danach interessierte uns das unaufgeregte Dorfgeschehen. Doch, was kann ein 34-Einwohner-Dorf schon bieten? Insbesondere sind es einige Bauwerke und die damit in Verbindung stehenden geschichtlichen Wurzeln.

Erstmalige Erwähnung findet das Wehrdorf um anno 850 in der Chronik des Klosters San Juan de la Peña. Die der unbefleckten Empfängnis geweihte Dorfkirche gehörte seinerzeit zum Einflussbereich der Abtei.

Neugierig betraten wir die Pilgerherberge, das einstige Dorfschullehrerhaus. Es wurde 1990 von Freiwilligen wieder aufgebaut und als Herberge eingerichtet. Seitdem erlebt das Dörfchen durch den einsetzenden Pilgerstrom eine Renaissance. Vom freundlichen Hospitalero erhielten wir einen schönen Stempel für unsere Pilgerpässe.

Die vom Hospitalero angekündigte Kirchenführung wollten wir uns nicht entgehen lassen. Von besonderem Interesse ist der nach Norden ausgerichtete geschnitzte Hauptaltar. Im rechten Bereich ist die *Heilige Agueda*, Patronin des Ortes, zu sehen. Sie starb als Märtyrerin. Ihre Leiden werden durch eine Schale, auf der ihre abgeschnittenen Brüste liegen, dokumentiert. Die Tabernakeltür des Westaltars offenbart eine weitere Attraktion. Hier reißt sich ein Kormoran sein eigenes Fleisch aus der Brust, um damit aufopferungsvoll seine Jungen zu füttern.

Nach der Kirchenbesichtigung zog es uns wieder in Richtung Bar. Die Lage am Ende des Weilers ist ausgesprochen formidabel. Bei guter Witterung sind die Tickets für die beiden Holzbänke neben dem Gebäude meistens vergriffen. Hier sitzt man wahrlich in der ersten Reihe und blickt auf ein spektakuläres Panorama. Großes Breitwandkino für begierige Augen! Die Position erlaubt tiefe Einblicke in das Aragóntal und auf das markante, gegenüber dem Fluss liegende Bergkegeldorf Berdún.

Einige Pilger aus der Herberge, unter anderem auch Juana aus der Schweiz, zählten zu den Gästen der Bar. Manche tranken Bier, andere bestellten sich Bocadillos. Muntere Unterhaltung allenthalben. Die Wirtin hatte alle Hände voll zu tun. Sie zapfte, schmierte die XXL-Stullen, rannte zwischendurch zur Katze, gab ihr Futter, streichelte sie, hechelte wieder zur Theke und belegte die Brote. Ohne sich die Hände zu waschen. Hygiene? Naja, man muss nicht alles so eng sehen.

Währenddessen döste die Katze auf ihrer Schmusedecke vor sich hin und träumte womöglich von den vielen Mäusetrophäen aus besseren Zeiten.

Ach ja, die Katze von Arrés, ein zahnloser Stubentiger, ein Beispiel der unbewussten Unterwerfung des Menschen vor den Haustieren. Lebendiges Inventarstück einer Bar, abgöttisch geliebt von einer fürsorglichen Katzenmutter.

Und wir? Wir schmunzelten innerlich über das illustre Treiben. Irgendwie wird uns die Bar als »sehr speziell« in Erinnerung bleiben.

5
Luna lässt grüßen
Arrés – Ruesta, 29 Km

Ein Blick nach draußen genügte. Heftige Windböen, dazu bedrohliches, dunkelgraues Gewölk ließen auf einen eher ungemütlichen Wandertag schließen.

Nach dem spärlichen Frühstück verließen wir unser Quartier. Der stark abschüssige Pfad führte uns in die Ebene des Aragóntales. Kritisch richtete ich meine Blicke nach oben. Das nasse Unheil ahnend, beschleunigte ich mein Lauftempo. Noch trockenen Fußes erreichte ich eine offene Scheune. Sekunden später schüttete es wie aus Kübeln. Kurt und Manfred gelangten kurz danach unter das schützende Dach. Glück gehabt!

Nach 20 Minuten marschierten wir weiter. Der Regen bestrafte den nicht aufnahmewilligen Fahrweg mit Pfützen und Schlamm. Wir übten uns als Inselhopper. Immer wieder suchten wir nach den schlammlosen Inseln und hüpften dabei im Zickzackkurs munter weiter.

Auf der anderen Flussseite leuchtete das Bergdorf Berdún, von einigen flüchtigen Sonnenstrahlen angestrahlt, unter der ansonsten dichten Wolkendecke wie ein funkelnder Edelstein.

Wir durchwanderten erste bizarre Mondlandschaften. Infolge der Erosion bröselte zuhauf tonartiges Sedimentgestein auf den Weg und stattete ihn mit einem grauen Sandbelag aus.

Ein jahrhundertalter, sterbender Baum ragte sein Geäst mit dem schütteren Laubwerk mit letzter Kraft klagend in den Himmel. Sein ausgehöhlter Stamm reduzierte sich im Laufe der Zeit auf zwei brüchige Stelzen. Vielleicht machte er gerade einen letzten Spagat für alle vorbeiziehenden Pilger. Obschon es ein wenig makaber klingt, der in seinem Hohlraum positionierte Stein mit dem gelben Pfeil wirkte wie sein eigener Grabstein.

Der sterbende Baum kurz vor Artieda

Wir näherten uns dem schönen, auf einem Berg thronenden Dörfchen Artieda.

Sorgenvoll beobachteten wir den Himmel. Eine bedrohlich wirkende grünschwarze Wetterfront braute sich über uns zusammen. Das Desaster ahnend, wechselten wir vom Schritttempo in den Rennmodus. Zu spät! Vorhang zu! Die Wetterwalze überrollte uns mit der Dynamik einer nach Vernichtung lüsternen Lawine. Die Natur zeigte uns so richtig ihre Krallen. Innerhalb von wenigen Augenblicken brach ein furchterregendes Unwetter über uns her. Orkanartiger Wind, wolkenbruchartiger Schüttregen, keine Sicht, im Usain-Bolt-Tempo flüchteten wir in einen schutzbietenden Fichtenwald. Leider hatte Kurt angesichts guter Wetterprognosen auf seine Regenkleidung verzichtet. Ich zerrte ihn unter mein Regencape. Wie arme Wichte kauerten wir unter einer Fichte, die Körper eng aneinander geschmiegt. Unablässig prasselte der Starkregen auf uns ein. Manfred positionierte sich vor uns. Es schien, als ob sich unsere Körper als Bollwerk gegen einen hochüberlegenen Gegner stemmen wollten. Rund eine halbe Stunde lang schütteten sich die wassergeschwängerten Gewitterwolken über uns aus. Eine Zeit, in der das bange Durchhalten zur Ewigkeit wird.

Unter dem Eindruck der dramatischen Situation und der eigenen Hilflosigkeit wird einem einmal mehr bewusst, wie verwundbar wir Menschen gegenüber Naturgewalten sind.

Als der Starkregen nachließ, wagten wir uns wieder aus der Deckung. Wie drei zottelige Hunde schüttelten wir die Nässe ab und versuchten so schnell es ging nach Artieda zu gelangen.

Nass bis auf die Haut erreichten wir die ortsansässige Herberge. Mit einem Seufzer der Erleichterung betraten wir den Raum. Ein Dach über den Kopf, Wärme – ein Gefühl, der Hölle entronnen zu sein. Der Herberge war eine kleine Bar mit Küche angeschlossen. Wir fragten nach einer heißen Suppe. »Si«, sagte die nette Señora. Die Antwort war wie ein Geschenk! In freudiger Erwartung orderten wir eine Terrine Bohnensuppe.

Die Zwischenzeit nutzten wir, um unsere Kleidung zu wechseln. Sie war größtenteils pitschnass. Nur gut, dass die Klamotten im Rucksack trocken geblieben waren.

Der Tisch wurde eingedeckt. Zunächst kam der Brotkorb. Dann die heiße, dampfende, wohlriechende Bohnensuppe. Begierig verteilten wir den Inhalt mit dem Schöpflöffel auf die Teller und verschlangen das köstliche Mahl mit Heißhunger. Wie dankbar waren wir für das einfache Essen. Wie schön ist es doch, sich über einen Teller Suppe so zu freuen. Wie sehr kann doch die Einfachheit beglücken!

Wiedererstarkt zogen wir nach einer Stunde wieder los. Nachdem uns das Wetter sein hässliches Gesicht gezeigt hatte, mogelten sich nun zarte Sonnenstrahlen durch die Wolkendecke.

Die ersten Ausläufer des Yesa-Stausees rückten näher. Das Stauseeprojekt wurde 1959 gegen den heftigen Widerstand der ansässigen Bevölkerung fertiggestellt. Der Bau zerstörte nicht nur die Lebensgrundlage der heimischen Bewohner, sondern auch die Originalroute des Jakobsweges. Die Menschen siedelten um und hinterließen Geisterdörfer wie Escó, Tiermas und Ruesta. Der 18 Kilometer lange Stausee, auch »Meer der Pyrenäen« genannt, wird durch den Río Aragón und einige Nebenflüsse gespeist. Er dient insbesondere den Gebieten zwischen den Städten Pamplona und Zaragossa als Wasserreservoir.

Blick von Ruesta auf den Yesa-Stausee

Die Frage sei erlaubt. Warum fahren wir Menschen eigentlich zum Mond? Das ist gar nicht nötig! Wir können auf Mondmissionen künftig getrost verzichten, das Geld einsparen und es beispielsweise in den Ausbau von Jakobswegen stecken! Was nur wenige wissen: Etwa drei Kilometer hinter Artieda existiert der Mond bereits, er ist vor einiger Zeit extra für uns Menschen auf der Erde gelandet. Die seltsamen Mondlandschaften lassen nur den einen Schluss zu: Der Jakobsweg verläuft auf dem Mond – und Luna lässt grüßen.

Sind Pilger auf dem Camino Aragonés demnach abschnittsweise der Gattung von Pseudo-Astronauten zuzuordnen? Mit ein wenig Fantasie könnte es klappen: Völlig losgelöst von der Schwere des eigenen Körpers als verkappte »Moonwalker« Bruder Mond lobpreisen, das würde selbst dem Heiligen Franziskus gefallen.

Ein Rätsel: Der Weg führt durch Mondlandschaften

Kurt hatte mal wieder mächtig »Dampf im Kessel«. Offensichtlich machten die Auswirkungen der Bohnensuppe seine Beine schnell. Wir ließen ihn ziehen.

Doch irgendwann packte mich mein Ehrgeiz. Meinen Blicken längst entschwunden, gab ich meinen Beinen den Befehl zur Aufholjagd. Halali! Tempomat auf 6 km/h eingestellt, Trommelschritt aktiviert, langsam aber sicher näherte ich mich über eine Strecke von mehreren Kilometern wieder meinem Pilgerfreund, biss ihm zuletzt fast in die Waden.

Erschöpft klatschten wir uns an der Ruine der Kapelle San Juan Bautista ab und legten eine kleine Verschnaufpause ein.

Als Trio liefen wir in die Geisterstadt Ruesta ein. Wegen des Staudammbaus ist die Stadt seit 1959 verlassen. Trotz einiger Initiativen reicht das Geld für den Wiederaufbau nicht. Von hohen Zäunen abgesperrt, fristet das einst blühende Städtchen ein klägliches Dasein, wartet sehnsüchtig auf den (Geld-)Prinzen, der es wieder wachküsst.

In der schönen Herberge, bestehend aus zwei hergerichteten Altbauten, wurden wir von einer Hospitalera freundlich aufgenommen. 24 Euro kostete die Übernachtung in einem Mehrbettzimmer inklusive Abendessen und Frühstück.

Einfach mal ausschwingen lassen, was tagsüber in Bewegung geraten war. Gemächlich, bei einem guten Glas Vino Tinto genossen wir auf der Terrasse die nicht alltägliche Atmosphäre mit Blick auf die einzigartige Silhouette der dahinsiechenden Stadt.

Wer rettet mich? Bilder einer traurigen, dem Verfall preisgegebenen Stadt

6
Stille Nacht
Ruesta – Sangüesa – Izco, 40 Km

Stille Nacht, herrliche Nacht, alles schläft, nur einer wacht. Selten, dass ich in einem 6-Bett-Zimmer so gut geschlafen hatte. Auf einmal traute ich meinem eigenen Gehör nicht mehr.

»Hört mal zu, ihr Schnarchsäcke, ich glaub', der einzige, der heute Nacht nicht geschnarcht hat, das war ich«, behauptete Manfred im Brustton der Überzeugung. Halloo? Ausgerechnet Manfred, der Prototyp des preisgekrönten 5-Sterne-Schnarchers, der nachts ganze Wälder abholzt, beteuerte ernsthaft, jeder hätte heute geschnarcht, nur er selbst nicht! Kurt und ich kriegten fast einen Lachkrampf. Darüber musste selbst Manfred lachen. Wie schön ist es doch, sich mit einem kollektiven herzhaften Lachen in den Morgen hineinfallen zu lassen. Dieser Tag musste ein guter werden!

Ob in Deutschland oder Spanien, Raucher haben es heutzutage nicht leicht! Die Raucherfraktion wird überall gleich geächtet und kann ihre Sucht nach Nikotin nur noch auf den billigen Plätzen an der frischen Luft stillen. Dort darf der demütige Raucher endlich Raucher sein und ohne Zwänge genussvoll seine Ringe in die Luft blasen.

Juana zählte zur Fangemeinde des blauen Dunstes. Eine Zigarette in der Hand haltend, stand sie mit ihrem offensichtlich neuen Weggefährten vor der Herberge. In Aufbruchsstimmung hielten wir noch einen kurzen Plausch.

Ein Pfad führte bergab aus Ruesta hinaus. Und anschließend ging es über einen Forstweg rund sieben Kilometer bergauf. Postwendend aktivierte ich meine physischen Assistenten: »Gestatten, mein Name ist Kraft! Meine Erfüllungsgehilfen sind Muskeln, Arme und Beine, mein Gebieter heißt Willensstärke. Ohne uns geht es nicht. Wir sind die sprudelnden Quellen und die haltbietenden Korsettstangen dieser Reise.« Wohl dem, der auf solche körperdienlichen Helfer zurückgreifen kann!

Manfred und Kurt gingen weit voraus.

Ich genoss das Alleinsein. Ringsum grünte und blühte die Landschaft, schier unerschöpflich spross die Kraft des Lebens daraus. Die Kiefernwälder frohlockten. Ein Specht hämmerte mir unaufhörlich sein Lied ins Gehör, ein Kuckuck flötete im Intervall seine typischen Laute, die Grillen zirpten um die Wette, die von der Sonne gerösteten Kiefernnadeln schwängerten mit ihren Düften die klare Luft. Schüchtern blinzelte der Yesa-Stausee durch den starken Baumbewuchs. In der Summe eine betörende Naturkulisse. Ich verhehle nicht, dass ich trotz aller Strapazen tiefe, ergreifende Glücksmomente spürte.

Auf dem Zenit einer Steigung begegnete mir ein nicht alltäglicher Wanderer. Er zog einen selbstgebauten Gepäckwagen, dessen Gestänge in einem System von Gurten hüfthoch befestigt war, nach. Ein Anlass, ganz genau hinzuschauen. Das ungewöhnliche Gespann weckte gesteigerte Neugier in mir.

Marke Eigenbau: rollendes Tragegestell

»Ja«, das Unikat sei seine Erfindung, verriet mir der etwa siebzigjährige Thüringer. Aus der Not geboren – ein Schulterleiden zwang ihn eine pragmatische Lösung zu suchen – , besorgte er sich von einer Deponie eine kugelgelagerte Kinderwagenachse und zwei Aluminiumstangen, tüftelte akribisch an einem Gurtsystem und führte die Teile zu einer funktionierenden Geschirreinheit zusammen.

»Du bist nicht der Erste, der mich anspricht«, bekundete er. »Weißt du, wenn ich Allen, die Interesse an meinem Gepäckwagen zeigen, einen Euro abknöpfen würde, dann hätte ich die Kosten für meine Wallfahrt wohl raus«, schob der kreative Pilger nach.

»Keine schlechte Idee«, reflektierte ich ihm. »Mach‘ doch einfach ein Schild dran: Fragen kostet einen Euro und halte den Neugierigen eine Spardose entgegen. Und schon klingelt die Kasse!«

»Werd‘ mal drüber nachdenken«, kicherte er amüsiert.

Zusammen liefen wir bis zum Bergkegeldorf Undúes de Lerda. Dort wollte ich, in der Hoffnung Kurt und Manfred wiederzufinden, eine Rast machen. Der Thüringer lief weiter.

Um in der Ortschaft eine Kneipe auszumachen, braucht man nicht unbedingt ein elitäres Navigationsgerät, bestenfalls ein gutes Gespür. Gleich am Anfang kündigt ein großes San-Miguel-Schild unzweideutig die einzige Vorratsstelle für fließenden Gerstensaft an. Wie vermutet, traf ich hier meine Freunde wieder. Nach einem guten Café con leche zogen wir gemeinsam weiter.

Etwa drei Kilometer hinter Undúes weist ein Grenzstein auf den Übergang nach Navarra hin.

Grenzstein zwischen Aragonien und Navarra

Begrüßung in Navarra: Matschige Wege

Der Empfang war alles andere als pilgerfreundlich. Navarra, eine der schönsten und reichsten Regionen Spaniens, begrüßte uns zunächst mit Matsch und tiefen Pfützen. Sie zu umkurven, war inzwischen zur Gewohnheit geworden.

Erneut hatte ich das Bedürfnis mit meinen Gefühlen allein sein zu wollen. Ich erhöhte »die Schlagzahl« und entfernte mich zusehends von Kurt und Manfred. Das hatte nichts mit den beiden persönlich zu tun. Es hatte mit mir zu tun. Es hatte mit meiner Sehnsucht zu tun. Als Pilger bin ich ein Mensch der Sehnsucht. Sie treibt mich auf die Wanderwege, die mich an die wichtigen Weggabelungen des Lebens bringen. An den richtigen Abzweigungen einzubiegen und gleichzeitig loszulassen, ist eine Kunst für sich.

»Loslassen« mutiert inzwischen als ein gängiges Modewort, das in aller Munde gekaut wird. Wovon wollen wir letztlich loslassen? Von Prinzipien? Von Materiellem? Von Ideellem? Richtig ist, wer loslassen möchte, muss zunächst (an) etwas festgehalten haben. Und, wer bei sich ankommen möchte, der muss erst einmal aufbrechen. Es ist wie bei einem Zug, der losfährt und an seinem Ziel ankommen möchte. Zwischendurch, an den Haltestellen, ermöglicht er seinen Fahrgästen zu- und auszusteigen. Ähnlich verhält es sich, wenn wir während einer Pilgerreise bei uns selbst ankommen möchten. Anfangs sinken wir tief in unsere Gefühle, vergraben uns in unser Inneres.

Wir denken intensiv über uns nach und lassen an den Stationen des Weges das »Zu- und Aussteigen« von Einsichten zu. Spirituelle Kulissen erweisen sich dabei als gute Helfer. So wie ein Zug in Bewegung gerät, so nehmen unterwegs gewonnene Selbsterkenntnisse Fahrt auf und enden meist in dem Vorsatz, etwas ändern zu wollen. Wir nehmen sie an und entdecken gleichzeitig, was in uns steckt. Sind wir dann bei uns angekommen? Letztendlich muss es jeder für sich erkennen, es mit sich selbst ausmachen.

Wenngleich ich es nicht unbedingt als Glück begreifen wollte, die ersten Streusiedlungen avisierten die Nähe der Stadt Sangüesa. Allerdings war das, was ich links und rechts von mir sah, keine Bewerbung für einen Platz in einem Fotoalbum. Die Häuser wirkten eher vernachlässigt, um nicht zu sagen: runtergekommen.

Im Mittelalter war das noch anders. Unter der Herrschaft des königlichen Hofes von Navarra erlebte die Stadt ihre größte Blütezeit. In jener Ära entstanden zahlreiche Paläste und Kirchen. Die einsetzende Pilgerbewegung brachte ihr Ansehen und Reichtum. Den Überlieferungen zufolge, soll sich darunter ein ganz berühmter Pilger befunden haben: *Franz von Assisi*. Auch wenn es historisch nicht hinreichend zu belegen ist, so wird vermutet, dass er nach seiner Rückkehr aus Santiago de Compostela anno 1213, in Sangüesa das erste Franziskanerkloster Spaniens gegründet hat.

Ein Schmuckstück: Südportal Kirche Santa Maria

Als bedeutendstes sakrales Bauwerk gilt die Kirche Santa Maria la Real. Oft stehen Besucher mit großen Augen vor dem prächtigen Südportal und bewundern den filigranen Skulpturenschmuck. Auf der linken Seite befindet sich u.a. die Figur von Maria Salome, der Mutter der Apostel Johannes und Jakobus.

Neugierig auf das, was kommt, kehrte ich in die Stadt ein. Hier war eine Übernachtung geplant. Doch, wo waren bloß meine Freunde?

Was früher weitaus schwieriger gewesen sein dürfte, gelingt heute kinderleicht mit zeitgemäßer Technik. Das Handy, für die meisten Heil, für andere Fluch, verbindet Welten in Sekundenschnelle. Und es führt Pilger, die sich aus den Augen verloren haben, rasch wieder zusammen.

Als Treffpunkt machten wir eine Bar an der Santiago-Kirche aus. Es dauerte eine ganze Weile, bis wir wieder vereint waren. Nach einer kurzen Erfrischung gingen wir auf Zimmersuche.

Manchmal ist es einfacher einen Pudding an die Wand zu nageln, als drei Meinungen unter einen Hut zu bringen. Ein von mir favorisiertes Dreibettzimmer in einer Pension fand nicht die Zustimmung meiner beiden Freunde. Die Suche nach Alternativen erwies sich als schwierig, um nicht zu sagen »unmöglich«.

Ein hinter der Brücke über den Río Aragón gelegenes Hostal war geschlossen. Das weit außerhalb des Stadtkerns an einem stark befahrenen Verkehrskreuz ansässige Hotel Yama fiel gnadenlos durchs Raster. Was tun? Ein Krisengespräch in einem Café sollte die Lösung bringen. »Wir gehen zum Touristenbüro«, war die einhellige Meinung. Klar doch, die kommunale Einrichtung sollte uns, den Gestrandeten, helfen! Also, auf zum Touristenbüro! Auf dem Weg dorthin begegneten uns Juana und ihr neuer spanischer Weggefährte Carlos. Die beiden hatten sich in einer Vorort-Pension eingenistet. Angeblich hatten sie das letzte Zimmer bekommen.

Zuversichtlich betraten wir das Büro. Doch alle von der freundlichen Señora angedachten Übernachtungsmöglichkeiten erwiesen sich entweder als zu kompliziert oder waren nach telefonischer Rückfrage belegt. Unsere Gesichter wurden lang wie ein Metermaß. »Was tun?«, fragten wir uns erneut. Die Pilgerherberge im 18 Kilometer entfernten Weiler Izco schien eine Lösung zu sein. Nach kurzer Rückversicherung war klar: es gab gottlob noch genügend freie Plätze.

Die Herberge war für uns per pedes nicht mehr erreichbar. Ein Taxi brachte uns dorthin.

Gähnende Leere bei unserer Ankunft. Zumindest im Empfangsbereich der Herberge, die auf den ersten Blick eher einem Gemeindesaal ähnelte. Die Hospitalera würde schon noch kommen, meinte ein Pilger zuversichtlich. Klar doch, irgendwann! Aber, was heißt schon irgendwann?

Wir setzten uns auf eine Bank neben der Eingangstür und warteten. Nach knapp einer Stunde kam sie dann endlich, eine nette Señora. Sie erklärte uns nach einer freundlichen Begrüßung, dass im separaten Schlafraum nicht mehr genug Platz sei und wir auf Matratzen im Gemeindesaal schlafen müssten.

»Kein Problem«, signalisierten wir ihr. Hauptsache ein Schlafplatz und ein Dach über dem Kopf. Die Hospitalera zeigte auf einige Matratzen, die aneinandergereiht in einer Ecke standen.

»Nehmt euch die besten«, meinte sie mit einem entschuldigenden Lächeln.

»Okay, machen wir, doch wo können wir noch eine Kleinigkeit essen?«

»Hier bei mir«, entgegnete sie vielsagend, fast schon jovial. Sie führte uns zu einem Hochschrank, in dem die herbergseigene »eiserne Lebensmittelreserve« bevorratet war. Kurt stellte sich auf die Leiter und sondierte wie ein Geier die Lage. Seine Beute war bescheiden: Nudeln und eine Dose Fleischbällchen mit Tomatensauce.

Immer noch besser als schon wieder Bocadillos, war die einhellige Meinung.

Getrieben vom Hunger machte sich Kurt gleich an die Arbeit, ging im Stechschritt zur Küche und übernahm die Rolle als Chefkoch.

Beim gemeinsamen Abendessen lernten wir Jolanda aus Venlo und Jan aus Konstanz kennen.

Es bewahrheitet sich immer wieder. Spätestens nach dem dritten Glas Vino tinto löst sich die Zunge. Es wird munter drauf los geplaudert, man fängt an aus dem Nähkästchen zu erzählen, verrät die eigene Identität, verbreitet seine Story.

Jan war erstmals ohne seinen Zwillingsbruder unterwegs. Die beiden klebten bislang wie Pattex aneinander. Ob Urlaubsreisen oder gesellschaftliche Aktivitäten, sie hatten stets eine gemeinsame Antenne. Ein Leben im Doppelpack. Die Zwillinge nahmen es wörtlich: Selbst ihre Freundinnen waren Zwillingsschwestern. Allerdings führten unterschiedliche Zukunftsvorstellungen dazu, dass beide Beziehungen kürzlich in die Brüche gingen. Ein Aus im gesteuerten Doppelpackautomatismus. Eine bemerkenswerte Geschichte. Zudem hatte er sich schweren Herzens entschlossen, sein Maschinenbaustudium abzubrechen.

Sich loseisen vom Zwillingsbruder, Liebesbeziehung kaputt, Studium geschmissen. Klingt nach mittlerer Lebenskrise.

So wie Jan packen viele Pilger ihre Probleme, in der Hoffnung, geistigen Unrat und Unverarbeitetes unterwegs abschütteln zu können, kiloweise mit in den Rucksack. Unverhofft, an irgendeiner Stelle, purzeln die quälenden Themen dann aus dem Rucksack, brechen plötzlich wie giftige Pilze aus dem Boden hervor. »Wo ist die Adresse mit der richtigen Ich-weiß-es-Antwort?«, fragen sich die meisten und kneifen sich dabei in die Seite. Liegt sie womöglich in einer Geschenkpackung irgendwo auf dem Weg in der Nähe eines stattlichen Fliegenpilzes versteckt? Wohl kaum. Der Camino lässt sich gewiss nicht in die Rolle des universellen Problemlösers pressen. Aber er ermuntert das eigene Ego, an Antworten zu arbeiten, sie mit der Wünschelrute unterwegs zu suchen. Oft finden Weg, Natur und Mensch zueinander, verschmelzen sich, entwickeln hilfreiche Strategien gegen Kummer und Sorgen, machen ihn – wenn es gut läuft – wieder glücklicher. Also doch Problemlöser? In der Luft bleibt ein Gedankenstrich.

Ein Ausflugs-Tipp am Rande:

Falls Sie Lust auf ein Rendezvous mit Geiern haben sollten, so bietet sich ein Abstecher in eine der spektakulärsten Schluchten Nordspaniens an: Die unter Naturschutz stehende 1.300 Meter lange Lumbier-Schlucht (Foz de Lumbier, etwa 17 Kilometer nördlich von Sangüesa gelegen) gewährt dem aufmerksamen Besucher eine einzigartige Naturkulisse mit außerordentlicher Schönheit. Zahlreiche Gänsegeier-Kolonien und andere Vogelarten nisten in den schroffen Steilfelsen. Der Irati, ein Fluss mit kristallklarem Wasser, windet sich angestrengt durch die Klamm und die Vegetation präsentiert voller Stolz ihr artenreiches Blütenkleid. Selbst der Teufel fand Gefallen an dem Naturdenkmal und soll einer Legende nach beim Bau einer Brücke, die nur noch in Fragmenten vorhanden ist, mitgewirkt haben.

Die Schlucht kann auf einem markierten lokalen Wanderweg am Fluss entlang durchquert werden. Es ist nicht auszuschließen, dass die Durchschreitung von zwei stillgelegten Eisenbahntunneln leichtes Magenkribbeln verursacht.

7
Der Engel im BMW
Izco – Monreal, 10 Km

Matratzenlager. Enge. Schnarchkonzert par excellence. Für mich ein Grund nachts die Stellung zu wechseln. Schlaftrunken schleppte ich meine zehn Zentimeter dicke Unterlage in die entfernteste Ecke und versank wieder im Land meiner Träume.

Gut, dass ich mich zu dieser Entscheidung durchringen konnte, sonst hätte ich mich womöglich noch bei meinen Freunden angesteckt. Kurt klagte morgens über Erkältungssymptome, Manfred über Rückenschmerzen. Rückenschmerzen sind zwar nicht ansteckend, könnten freilich mithilfe von magischen Kräften übertragbar sein. Jan und sein Zwillingsbruder hätten sie wahrscheinlich im Doppelpack bekommen.

Wir zählten nicht zur Gilde der Frühaufsteher, als wir um kurz vor 9 Uhr losmarschierten. Das war auch nicht nötig, denn heute stand nur ein lockerer Spaziergang nach Monreal auf dem Tagesplan. Ein kräftiger Landregen sorgte gleich in der ersten halben Stunde für klare Verhältnisse. Eine Ansage für den Rest des Tages?

Im kleinen Örtchen Abincanzo entschieden sich die Himmelsschleusen erst einmal dichtzumachen. Zunächst jedenfalls.

Erste zarte Sonnenstrahlen wagten sich zaghaft aus der Deckung. Die im Hintergrund bedrohlich aufgetürmte dunkle Wolkendecke reflektierte das Licht und malte es als kontrastreiche Aquarelle in die sanftwellige Hügellandschaft.

Das gute Wetter hielt genau bis zum 100-Seelen-Dörfchen Salinas de Ibargoiti.

Der Weg führt über eine hübsche alte Brücke in die kleine Ortschaft. Sie ist nicht nur stolz auf ihre mittelalterlichen Traditionen, sondern auch auf ihre jüngste Sportlergeneration. Zwei Olympiasieger im Judo und in der Leichtathletik sind hier beheimatet.

Im Glauben, wir seien bereits in Monreal, fragte ich einen älteren Signore nach der ortsansässigen Herberge. Er verstand mich nicht und guckte mich an wie ein Auto. Erneuter Versuch. »Albergue?«, gab ich ihm zu verstehen und verbog mich dabei wie eine Fragezeichen. Wieder keine Reaktion.

Eine ganz andere Antwort schickte uns der Himmel: Mit rasender Geschwindigkeit zog ein Wolkenbruch auf. Wir flüchteten in das Eingangsportal der Kirche San Miguel. In gewisser Weise waren wir jetzt Flüchtlinge, die unter dem Dach Gottes Asyl suchten. Es goss wie aus Kübeln. Eine ganze Weile harrten wir hier unter dem Eindruck der widrigen Wetterverhältnisse aus.

Schwarze Wolken. Schüttregen. Feuchtigkeit allenthalben. Man könnte glatt schwarz sehen. Die

Farbe schwarz als bevorzugter Metapher? Wo bleibt der Lichtblick im dunklen Gruselszenario?

Wie aus dem Nichts hielt im strömenden Regen ein dunkles Auto am Zugangsweg zum Kirchenportal an. Der Fahrer schaute gezielt in unsere Richtung. Wer war er? Was wollte er? Wir hatten keine Ahnung. Einige Augenblicke später lenkte er die Luxuslimousine auf den asphaltierten Weg und fuhr zielstrebig auf uns zu. Mitten im Portal hielt er an, stieg aus, öffnete in Chauffeursmanier die hinteren Türen und forderte uns freundlich, ohne Umschweife auf, einzusteigen. Nicht nur der Regen fiel nachhaltig aus allen Wolken, wir auch!

Dienst am Pilger: im 5er BMW nach Monreal

Eine handfeste Überraschung! Bestimmt hatte Jakobus seine Finger mit im Spiel. Der Fahrer war kein anderer als der alte Mann, den ich nach der Herberge gefragt hatte und der nichts zu kapieren schien. In Wirklichkeit konnte er Pilgergedanken lesen. Wenn Worte nicht greifen, dann ersetzen manchmal Blicke oder die Gefühle des Herzens alle Worte und erheben sie in den Status einer allgemeinverständlichen Weltsprache. Gerade auf dieser Basis lernen wir einander zu verstehen und zu schätzen.

Wir verstauten die Rücksäcke im Kofferraum und stiegen vorsichtig in den penibel gepflegten 5er BMW ein.

»Albergue Monreal?«, fragte er uns.

Wir guckten uns an. »Si, si!«, erwiderten wir ein wenig stockend, immer noch perplex.

Die Limousine setzte sich in Bewegung.

Als wir Monreal erreichten, hörte der Regen auf. Wir baten unseren aragonesischen »Engel« an der Bar Cipri anzuhalten.

»Café con leche?«, fragten wir ihn.

»Si«, entgegnete er kurz und knapp.

Wir waren erleichtert, denn mit dieser kleinen Höflichkeitsgeste konnten wir ein wenig von seiner Großherzigkeit zurückgeben.

Bloß nichts beschädigen. Nur keine schmutzigen Spuren hinterlassen! In dieser Gefühlslage verließen wir mit samt Gepäck den chicen BMW. Gerade frisch geduscht warteten sicherlich schon Fensterleder und Polierpaste in der Garage.

Mit einem herzlichen »Muchas Gracias«, verabschiedeten wir uns nach einem sprachlich komplizierten Plausch vom netten Spanier und machten uns auf den Weg zur kommunalen Herberge.

Luxus oder Askese? Sekt oder Selters? Pritsche mit Schlabbermatratze oder Komfortbett. Der Zufall und unsere Schwäche, »Nein« sagen zu können, bescherten uns eine außergewöhnlich schöne Bleibe. Den Verlockungen der Casa Etxar Tenea konnten wir nicht widerstehen. Wie ein Juwel schälte sich das Gebäude aus einer Häuserzeile heraus. Das Haus wurde vom Eigentümer vor einigen Jahren kompromisslos renoviert, wobei das alte Gebälk und die Natursteinstruktur erhalten blieben. Zwei wunderschöne Zimmer wurden für eine Nacht unser neues Zuhause.

Mir war danach. Taxi von Sangüesa nach Izco, dann die Fahrt mit dem BMW, das war zu viel für meine innere Pilger-Ethik. Ich musste jetzt liefern. Ein wenig wollte ich das begradigen, was in meiner Macht stand.

Ich schnürte meine Wanderschuhe und machte mich ohne meine Freunde auf den Weg zurück nach Salinas de Ibargoiti.

Über eine kleine Brücke gelangte ich bald in einen dichten Mischwald, in dem Eichen und Kiefern dominierten. Die goldene Nachmittagsonne versuchte mit ihren laserähnlichen Sonnenstrahlen recht erfolglos Lücken in das dunkle Gehölz zu fräsen. Zu engmaschig postierte sich »Großfamilie Botanik« gegen das eindringende Licht. Nach zwei Kilometern erreichte ich das kleine Örtchen, lief noch bis zur wunderschönen mittelalterlichen Brücke über den Río Elorz und kehrte nach einer Weile um. Um meinen Seelenfrieden bereichert, näherte ich mich wieder meiner Ausgangsstation, Monreal. Wer kann schon von sich behaupten, an einem Tag die gleiche Strecke im BMW und per pedes bewältigt zu haben?

Werden wir nicht ständig von der Zeit eingeholt? Früher schickten Indianer ihre Rauchzeichen als einfache, aber wirksame Form der Fernkommunikation in die Lüfte. Und heute? Mit ein wenig Fantasie könnte gar eine Zigarre diese Funktion übernehmen. Warum sollte es mit dem Qualm eines Stumpens nicht möglich sein, neuzeitlich-indigene Botschaften und Pilgerbitten in den Kosmos zu blasen?

Genussvoll zog ein holländischer Pilger an seiner Havanna. Von Qualmwolken eingelullt, auf einer Treppe sitzend, genoss er vollkommen losgelöst seinen 50. Geburtstag. Keine schlechte Idee. Denn: Gibt es einen besseren Ort, um symbolisch ein halbes Jahrhundert mit einer Rauchwolke in die Unendlichkeit des Universums zu entlassen?

Der Tag spendierte uns ein himmlisches Ereignis. Stand er gar im Zeichen eines Engels? Viele Pilger spüren unterwegs, dass sie nicht alleine sind. Manche sehen darin die Anwesenheit ihres oder eines Engels. War unser motorisierter Engel womöglich ein echter rechtschaffender Himmelsbote?

8
Der Kinderwagen
Monreal – Puente la Reina, 33 Km

Es wäre kein Unglück gewesen, in der Casa Etxar für eine Woche eingesperrt zu werden. Gefangen in einem Luxusgemach. Was für ein furchtbarer Gedanke! Wohl oder übel müssten wir den Überfluss, den dieses Haus bietet, aushalten. Wie wäre es mit einem Bad in einer Wanne voller Spumante? Zwischendurch ein Häppchen Wildlachs, der in Champagner ertränkt wird? Flankierend ertönt aus der edlen Musikanlage die unvergleichliche Tenorstimme von Pavarotti. Mal ehrlich, würde nicht jeder waschechte Pilger an dieser Vorstellung verzagen, dabei womöglich sein Gewissen verleugnen?

Was wäre, wenn ..., immer diese Konjunktive! Letztendlich alles nur papperlapapp. Die Realität hingegen sah nüchterner aus.

Am letzten Wandertag hießen die morgendlichen Aktivitäten: Aufstehen, Duschen, Frühstücken, Abmarsch. Alles völlig unspektakulär.

Aus Zeitgründen baten wir unseren Gastgeber, uns mit seinem Auto in die 13 Kilometer entfernte Ortschaft Tiebas zu bringen. Bereitwillig erfüllte er uns unseren Wunsch. Von hier aus konnten wir bequem unser Tagespensum schaffen. In Tiebas endete vorläufig auch die auf dem Weg so genossene Weltabgeschiedenheit. Störender Straßenlärm begleitete uns fortan eine Zeit lang. Über Schotter- und Teerpisten erreichten wir Olcoz. Die Silhouette des Örtchens wird von dem schon von weitem sichtbaren Palastturm dominiert. Im Mittelalter bildete er zusammen mit den nahe gelegenen Burgen einen Teil der Verteidigungsanlage des ehemaligen Königreiches Navarra.

Wir durchwanderten eine schöne hügelige Gegend mit Olivenbäumen und Getreideanbau. Nach einer Stunde erreichten wir die anmutige Ortschaft Enériz. Vom urbanen Liebreiz animiert, kehrten wir in eine Bar ein und bestellten uns leckere Cafés con leche.

Kurz hinter Enériz zeigt sich wie auf dem Präsentierteller eines der eindrucksvollsten Beispiele romanischer Baukunst am Jakobsweg: die achteckige Wallfahrtskirche Santa Maria de Eunate. Angesichts ihrer Ähnlichkeit mit dem Felsendom von Jerusalem wird sie mit dem Orden der Tempelritter in Verbindung gebracht. Ausgrabungen nähren die Vermutung, dass sie auch als Friedhofs- und Hospizkirche für Pilger diente. Heutzutage ist sie als Hochzeitskirche beliebt.

Die auffällige Architektur, die sich harmonisch mit der äußerlich fünfeckigen, innen halbrunden Apsis und den wulstigen Rippen in der Kuppel des Kirchenraumes vollendet, fordert regelmäßig die Bewunderung der zahlreichen Besucher heraus. Von den zarten Farben der Dämmerung angestrahlt, würdevoll in die Landschaft

Ein echter Hingucker: die aus dem 12. Jahrhundert stammende Wallfahrtskirche Santa Maria de Eunate

eingebettet, als steinernes Chamäleon gibt sie ein besonders fotogenes Bild ab.

Äußerlich ist die kleine Kirche von Arkaden umbaut, deren Kapitelle mit Fabelwesen und Pflanzenmotiven verziert sind. Der Arkadenrundgang ist von einer durchgehenden Mauer umgeben.

Von dem Kleinod begeistert, nahmen wir uns viel Zeit für die sehr lohnenswerte Besichtigung. Während Kurt und Manfred sich zunächst für den Außenbereich interessierten, zog es mich in die Kirche.

Gregorianische Klänge gaben dem Kircheninneren einen mystischen Charakter, als ich die Kirche betrat. Ich setzte mich auf eine Bank. Verloren wanderten meine Blicke umher, fixierten sich, einten sich im alten Gestein. In selten erlebter Harmonie verschmolzen sich das Licht, die Stille und der Stein miteinander. Jedes dieser Elemente durchdringt, formt und schien im Wesen des anderen zu weilen. Unentwegt gaben die schnörkellosen Wände den weichen Gesang, die Stimmen wieder, die sie durch Jahrhunderte hindurch aufgesogen hatten.

Aus einer derartig beeindruckenden Umgebung löst man sich nur ungern. Es fiel mir schwer, mich aufzuraffen. Draußen stieß ich auf Kurt und Manfred, die sich gerade mit Jolanda und Jan unterhielten. Wir setzen uns auf eine Bank. Kurt kramte in seinem Rucksack. Auf einmal hatte er die Regieklappe, die er am Bahnhof in Canfranc gefunden hatte, in der Hand. Manfred und ich ahnten es. Das Unvermeidliche nahm seinen Lauf. Wer einmal ein großer Regisseur werden möchte, muss erst einmal klein anfangen. Mit einer bescheidenen Aktion und bereitwilligen Anfängern, in denen unentdeckte schauspielerische Talente schlummern. Die Rollenverteilung hatte er sich wohl schon unterwegs überlegt. Ohne Casting sollte ich, in nicht mehr aufrechter Gangart, einen halb verdursteten Pilger, der nach Wasser bettelte, mimen. Manfred bekam die Rolle als Fotograf zugedacht und der in der Nähe sitzende inzwischen 50 Jahre und einen Tag alte Holländer aus Monreal, sollte mir eine Flasche Wasser reichen. Es klappte famos. Ich erlaube mir, aus berechtigten Zweifeln an unserer geistigen Zurechnungsfähigkeit, auf eine ausführliche Schilderung von Einzelheiten zu verzichten. Es reichte, um sich vor Lachen zu verbiegen. Bei allen Teilnehmern wurden die Lachmuskeln so stark strapaziert, dass für den nächsten Tag mit muskelkaterähnlichen Beschwerden zu rechnen war.

Ultreya! Es ging weiter in Richtung Obanos.

In Obanos verliert der Aragonesische Weg seine Identität, vereinigt sich final mit dem aus Roncesvalles kommenden Camino Francés. Es mag Trost oder Ansporn sein, von hier aus sind es »nur« noch 700 Kilometer bis Santiago de Compostela.

In dem Örtchen sorgte ein Fest für pulsierendes Treiben. Vorbeiziehende Pilger schauten, ohne in Kauflust zu sein, neugierig auf die Stände und zogen meistens unverrichteter Dinge weiter. Ihnen stand nicht der Sinn danach, die Rucksäcke weiter zu belasten.

Im Pulk der inzwischen zahlreichen Pilgerbeine machten wir uns auf die letzten zwei Kilometer nach Puente la Reina.

Ein merkwürdiges Gefährt tauchte vor uns auf. Erst dachte ich: »Na ja, da wird ein Kind im Kinderwagen für ein paar Meter auf dem Camino spazieren gefahren.« Weit gefehlt! Opa, Oma, beide schätzungsweise Ende Vierzig, waren mit der fünfjährigen Enkeltochter und vollgestopftem Fahrradkinderwagen unterwegs, um dem Apostelgrab in Santiago zu huldigen.

Neugierig sprach ich den kräftigen Mann an.

»Ich, dachte, es reist sich besser mit leichtem Gepäck?«

»Ja schon, das Pilgerleben ist halt kein Wunschkonzert. Aber auch ein Klotz am Bein kann schön sein«, meinte der Nürnberger vielsagend.

»Auch in den Bergen?«, fragte ich ein wenig provokativ.

»Da sagst du was, in den Pyrenäen war das 'ne harte Nummer. 1.300 Höhenmeter und dann das schwere Gewitter mit Hagel am Rolandsbrunnen. Ich war fast am Ende meiner Kräfte. Wir waren hart an der Grenze aufzugeben.«

Die kleine Enkeltochter hatte das Unwetter mit runtergezogener Plastik-Jalousie wie in einem fahrenden Zelt gut überstanden. Unglücklich schien sie nicht zu sein. Mit dem Teddy im Arm fühlte sie sich in dem zusätzlich mit Taschen gefüllten, vom agilen Opa geschobenen, rollenden Gemach sichtlich wohl.

Was für eine ungewöhnliche Geschichte. Das ist Jakobsweg life, Jakobsweg pur! Es ist ein Stück eigene Erfahrung: Jeder Tag bringt neue Überraschungen, kein Tag gleicht wie ein Ei dem anderen. Jeder Tag lebt von der Begegnung mit Menschen verschiedenster Couleur.

Mit einem herzlichen »Buen Camino« verabschiedeten wir uns von den Nürnbergern.

Puente la Reina, ein Städtchen mit vielen beachtenswerten wappengeschmückten Adels- und Bürgerhäusern, breitete sich vor uns aus. Gleich am Anfang lud uns die Anlage der Herberge Jakue zu einer Stippvisite ein. Sie war mir noch von meiner Jakobswegwanderung aus dem Jahr 2011 in guter Erinnerung. Das seinerzeit noch unfertige

Baumhaus gilt bei Insidern inzwischen als Attraktion. Wer seiner Pilgerwanderung einen ultimativen Kick verleihen möchte, der möge sich für 120 Euro pro Nacht in der luftigen Höhe der Holzhütte einnisten.

Wir schlenderten durch die Calle Mayor, der Hauptstraße der Altstadt, und statteten der Iglesia del Crucifijo (Kruzifixkirche) einen Besuch ab. Die ehemalige Kirche des Templerordens beherbergt ein auffälliges gotisches Kruzifix in Y-Form, welches aus dem Rheinland stammen soll und von deutschen Pilgern gestiftet wurde.

»Brücke der Königin« aus dem 11. Jahrhundert

Die Straße führt zu der den Río Arga überspannenden »Brücke der Königin«. Sie zählt gewiss zu den schönsten Brücken Spaniens. Irgendwie erzeugt das Überschreiten einen zarten Hauch von Rührung, der an die Jahrhunderte alte Tradition des Pilgerns auf dem Jakobsweg erinnert.

Mit der Ankunft in Puente la Reina vollendete sich unsere Wallfahrt. Der »Job« war gemacht. Die »Arbeit« getan. Der schlaue Fuchs Laotse, ein chinesischer Philosoph, wusste es schon immer: Der Weg endet stets mit dem letzten Schritt.

Mit einem letzten Schritt und ein wenig Wehmut bestiegen wir den Bus nach Pamplona. Ächzend setzte er sich in Bewegung.

Verloren drangen meine Blicke nach draußen. Vielleicht lag es an der fehlenden Ablenkung, denn imaginär gelang es mir nicht, meine »Pilgerkutte« abzustreifen. Nicht für den Moment. Innerlich war ich immer noch unterwegs. Unterwegs auf einem Weg mit blühenden Blumen, flatternden Schmetterlingen, puderbezuckerten Bergen, einem grünen Meer von Feldern und Wiesen, kargen Mondlandschaften, verträumten Bergdörfern, archaischen Kulturen.

Spätestens in Pamplona wurde das Erlebte zur Vergangenheit. Es war sättigend. Aber es machte nicht satt. Die Frage nach dem Warum sei erlaubt. Weil ein unruhiger Geist niemals satt machen kann, er ist die Wurzel der Pilgerschaft. Und die macht stetig Lust auf mehr.

Nachwort

Ziemlich beste Freunde wollen auch mal unter sich sein, auch mal allein sein, wollen ein bisschen verlottern, reduziert auf den Besitz des Rucksackinhaltes. Einfach da sein in der Gegenwart, vereint mit der Magie des Weges. Und als wackere Pilger neugierig aufsaugen, was so alles auf einen zukommt.

Aber wir wollten noch mehr. Wir wollten Punkte sammeln. Dazu muss man wissen, dass der Weg eine Welt für Punktesammler ist. Bei dieser undifferenzierten Feststellung denken wir möglicherweise gleich an das Materielle. Stimmt's? Indessen ist die Natur einer der ganz großen, vollkommen verkannten, Punkte- und Bonusspender.

Kräuter wachsen zuhauf als Bonusgeber in der Apotheke Gottes. Wir brauchen dafür nicht zu bezahlen. Wir pflücken sie einfach, sei es auf der grünen Wiese oder am Wegesrand. Murmelnde Bäche, schneebedeckte Berge. Es sind Sonderpunkte der Natur. Alles gratis. Wir sollten sie geflissentlich beachten, besser noch, bewundern und uns daran erfreuen. Ein Weg, der dazu animiert, sich selbst zu erfahren, der uns seinen Spirit offenbart und unseren aufmerksamen Blicken kulturelle Delikatessen serviert, schüttet nicht nur seinen Bonus aus, sondern betankt auch unsere Seele.

Wer als Punktesammler in der Natur auf Punktejagd geht, der lässt sich auch die Glückspunkte nicht entgehen. Ein vierblättriges Kleeblatt bedeutet Glück. Wenn es ein Blatt weniger hat, nicht. Warum eigentlich? Es kann doch wunderschön geformt sein oder eine ungewöhnliche Größe besitzen. Manchmal haben wir es halt verlernt zu unterscheiden und das Glück auch in kleinen, unscheinbaren Dingen zu suchen.

Kein Weg gleicht dem anderen. Aber was unterscheidet den Aragónweg von anderen Pilgerwegen? Es ist sein Charisma: Er ist der Schüchterne, biedert sich weder an, noch möchte er sich aufdrängen. Er möchte wachgeküsst und entdeckt werden. Es ist die Rede von einem einzigartigen Weg, der eine viel stärkere Beachtung verdient. Man sollte es wissen: Er ist der Schöne, der Liebliche, der Ursprünglichste unter den Unentdeckten. Ein Weg zum Weitererzählen. Ein wenig mehr Rampenlicht sei ihm gegönnt.

Nützliches, Wissenswertes

Welche körperlichen Voraussetzungen sind notwendig?

Unterwegs lernt man schnell sich und seine Grenzen kennen und muss sie möglicherweise korrigieren. Sportlichkeit ist sicherlich von Nutzen, aber keineswegs von elementarer Bedeutung. Sportlich veranlagte Pilger laufen oftmals schneller und schaffen einige Kilometer mehr am Tag. Aber auch weniger sportliche oder übergewichtige Pilger schaffen ihr Pensum. Die wesentlichen Grundvoraussetzungen sind ein starker Wille, Ausdauer, eine physische Grundfitness und die Bereitschaft, sich auch mal zu quälen.

Wie kann man sich gegen Blasen schützen?

Blasen gehören zu den größten Feinden unterwegs. Sie von Anfang an zu vermeiden, sollte das unbedingte Ziel sein. Von überaus großer Bedeutung ist das Schuhwerk. Gute, eingelaufene Wanderschuhe lassen Blasen erst gar nicht entstehen. Sobald sich eine Reibung, an welcher Stelle auch immer, bemerkbar macht, sollte sofort ein passendes Blasenpflaster eingesetzt werden.

Vorbeugung ist besser als Nachsorge! Einmal entstandene Blasen sind eine absolute Pein und können das Wandern erheblich beeinträchtigen oder im schlimmsten Fall auch verhindern. Sollten sich die Blasen in Ermangelung einer nicht sterilen Erstversorgung entzünden, ist ärztliche Hilfe erforderlich. Als sehr nützlich erweist sich das regelmäßige Eincremen der Füße schon Wochen vor und während der Wanderung – am besten nach dem Duschen – mit Hirschtalgcreme. Die Haut wird und bleibt durch die regelmäßige Anwendung sehr geschmeidig und hält somit auch mehr aus, ist strapazierfähiger.

Also, unbedingt genügend Blasenpflaster einpacken! Der Handel bietet Sortimentspackungen mit verschiedenen Pflastergrößen an.

Welches Schuhwerk ist zweckmäßig?

Oftmals wird in Fachgeschäften zu hohen Wanderschuhen geraten. Nicht ganz so hohe Trekkingschuhe sind aber m.E. eine bessere Lösung. Ich rate dazu, auf Ergänzungsschuhe, nämlich gute, halt bietende und mit einem tiefen Fußbett ausgestattete Sandalen, nicht zu verzichten. An heißen Tagen und auf ebenen Streckenabschnitten sind sie eine fußfreundliche Wohltat.

Welche Kleidung ist ratsam?

Die Lagen-Bekleidung nach dem Zwiebelprinzip ist genau die richtige Taktik. Eine leichte Wanderhose, deren Hosenbeine durch Reißverschlüsse von der Hose getrennt werden können, ist ideal. Gute Wandersocken sind Pflicht. Eine Fleecejacke schützt vor Kälte und kann auch nachts als Ergänzung zur Decke oder zum Schlafsack genutzt werden. Von großer Bedeutung ist eine leichte, atmungsaktive, möglichst wasserdichte Trekkingjacke mit vielen Taschen und Reißverschlüssen. Als Unterwäsche bietet sich mindestens eine Garnitur Merino-Funktionsunterwäsche an, die sich besonders geruchsneutral verhält und sehr angenehm zu tragen ist. Ob man auf schnell trocknende Funktionsshirts zurückgreift oder die bewährten T-Shirts aus Baumwolle einpackt, ist eine Geschmacksfrage. Als Kopfbedeckung bietet sich ein Stroh- oder Wetterhut an. Für Regentage sollte ein großer Regenponcho, der auch den Rucksack überdeckt, mitgeführt werden.

Was ist beim Kauf eines Rucksacks zu beachten?

Die Frage des Rucksacks sollte hohe Priorität genießen. Maximales Vergnügen bereitet der Rucksack nur, wenn man mit einem wirklich guten Exemplar ausgestattet ist. Entscheidend ist nicht nur, dass er aus strapazierfähigen Materialien gefertigt wurde, sondern auch auf die eigenen Bedürfnisse zugeschnitten ist. Zweckmäßigkeit und Größe sind hier die wichtigen Stichwörter. Empfehlenswert für Männer sind Rucksäcke in einer Größenordnung von 50 Litern und für Frauen von 40 Litern. Das Eigengewicht sollte so gering wie möglich sein, denn jedes Gramm ist wichtig. Die Firmen Deuter (z.B. Modell Act Lite 50) und Osprey (z.B. Modell Atmos 50) stellen 50-Liter-Rucksäcke mit einem extrem geringen Eigengewicht von etwa 1.500 Gramm her. Wichtig ist auch die Funktion und genaue Einstellung der Riemen. Hier sollte man auf das Wissen eines Fachverkäufers zurückgreifen und sich einweisen lassen.

Wie schwer darf ein Rucksack sein?

Die Band Silbermond weiß es am besten: »denn es reist sich besser mit leichtem Gepäck«. Wie wahr! Der überflüssige Ballast, der so trefflich in ihrem Hit »Leichtes Gepäck« besungen wird, ist nicht nur im wirklichen Leben ein Problem.

Es macht Sinn, das Gesamtgewicht des Rucksacks einem strengen »Diätplan« zu unterziehen. Jedes mitzuführende Teil sollte überdacht werden und auf den Prüfstand kommen. Im Zweifel lieber ein Teil weniger mitnehmen. Die Packliste auf den Seiten 122 und 123 dürfte eine wichtige Planungshilfe sein. Zu bedenken ist auch, dass der Rucksack, morgens mit Proviant beladen, etwa zwei Kilogramm mehr als abends wiegen kann. Als oberstes Limit gilt: Maximal zwanzig Prozent des eigenen Körpergewichts tragen!

Schwere Gegenstände sollten stets in der Rucksackmitte positioniert werden!

Vergessen wir nicht einen wichtigen Hinweis des Dichters Hermann Löns. »Das wichtigste Stück im Reisegepäck ist und bleibt ein fröhliches Herz«.

Welche Jahreszeit ist geeignet?

Das Klima in den Regionen Aragon und Navarra nördlich der Ebroebene bis hin zu den Gipfeln der Pyrenäen ist deutlich kühler und niederschlagsreicher als der von einem kontinentalen Klima geprägte Süden. In den Bergen und somit auch am Somport-Pass kann es bis weit in den April hinein Schneefall geben. Die durchschnittlichen Tagestemperaturen liegen im Mai in der Region Sangüesa bei 23, im Juli bei 31 und im Oktober bei 22 Grad.

Wer die Schönheit einer aufwachenden Natur erleben möchte, der wandert am besten im April oder Mai. Wer lieber duftendes Heu oder die Gelb- oder Brauntöne der Getreidefelder im breiten und fruchtbaren Tal des Río Aragón schätzt, dem seien die Monate September oder Oktober zu empfehlen. Als Hauptwanderzeit gilt der Zeitraum von Mai bis September. Gerade im Hochsommer sind viele Spanier und Franzosen unterwegs. In den Monaten Juli und August könnte es mit Blick auf die begrenzten Bettenkapazitäten auf manchen Etappenabschnitten zu Engpässen kommen.

Welche Unterkunft ist ideal?

Die persönliche Einstellung ist letztendlich entscheidend. Viele Pilger meiden die Einfachheit und die Unbequemlichkeit der Herbergen – Stichwort Schlafsaal – und entscheiden sich generell für Hostals, Pensionen oder komfortablere Hotels. Der weitaus größte Teil der Pilger nutzt jedoch die Herbergen. Sie sind der ideale Ort für Begegnungen, Austausch und Völkerverständigung. Mir persönlich machen größere Schlafsäle am meisten zu schaffen. Ich besitze einen sehr sensiblen Schlaf und die Schnarcher, die sehr häufig in den Herbergen anzutreffen sind, können die verdiente und auch erforderliche Nachtruhe empfindlich stören. Ohropax hilft, aber unterdrückt ein Extremschnarchen nur marginal. Wohl dem, der über unkomplizierte Schlafeigenschaften verfügt.

Wie viel Zeit sollte man einplanen?

Die gesamte Strecke des Camino Aragonés umfasst eine Strecke von rund 160 Kilometern. Für die gesamte Entfernung sollte man im Idealfall acht Wandertage berücksichtigen. Inklusive der An- und Abreise wäre ein Zeitfenster von 12 Kalendertagen der Idealfall. Sollte die Reise nach der Verschmelzung des Aragonweges mit dem Camino Francés (bei Obanos) noch weiter nach Santiago führen, müssten zusätzlich noch 30 weitere Wandertage eingeplant werden. Insbesondere ältere Pilger sollten individuelle Ruhetage für Müdigkeit, Unwohlsein oder Krankheit berücksichtigen. Verweiltage in größeren Städten (z.B. in Pamplona, Jaca, ggfs. in Santiago de Compostela) dienen der Entspannung und bieten Körper und Geist eine willkommene Erholungspause.

Wie lang sollten die Tagesetappen sein?

Seine Kräfte richtig einzuschätzen und sich nicht zu überschätzen, bedeutet während der Wallfahrt eine große Herausforderung. Mitunter macht man die schmerzvolle Erfahrung, wie erschöpfbar die eigenen Ressourcen sein können.

Etappenziele kann man sich nicht erkaufen, man muss sie sich das ein oder andere Mal hart erarbeiten und bezahlt mit Anstrengung, Mühe und Schweiß. Umso wichtiger ist es, sich die tägliche Strecke richtig einzuteilen und seinen Körper nicht zu überfordern. Überforderung führt zu großer Erschöpfung und einer Übersäuerung der Muskeln. Der schmerzhafte und unangenehme Muskelkater kommt meistens am nächsten Tag unbarmherzig zum Vorschein. Aller Anfang ist schwer. Nach dem Motto „weniger ist mehr“ sollten zu Beginn eher kleinere Etappen von 15 bis 20 Kilometern stehen. Nach etwa einer Woche hat sich der Körper an die Strapazen gewöhnt und entsprechende Muskeln aufgebaut. Dann kann die Laufdauer erhöht werden. 25 Kilometer am Tag dürften dann für die meisten kein Problem bedeuten. Die Laufgeschwindigkeit ist von der individuellen Laufkonstitution abhängig.

Sollte man alleine, zu zweit oder mit mehreren laufen?

Auf meinen vielen Wanderungen auf verschiedenen Jakobswegen habe ich alle unterschiedlichen Laufformationen kennengelernt. Paare zählen eher zur Minderheit. Gelegentlich begegnen einem Wandergruppen, die sich entweder von Anfang an kennen oder erst auf dem Weg kennenlernen. Der weitaus größte Teil der Wanderer bevorzugt es, alleine zu gehen. Der spirituelle Genuss mit dem unvergleichlichen Erlebnis allein in der Einsamkeit der Natur zu sein, ist als Einzelwanderer – aus eigener Erfahrung – ungleich höher einzuschätzen als die Wanderung zu zweit oder zu dritt. Nur wer den Camino alleine geht, erfährt auch seine wohlbehüteten Geheimnisse. Der rumänische Philiosoph Emil Cioran weiß es ganz genau: »Alleinsein ist Aphrodisiakum für den Geist«.

Eines ist gewiss: Auch wenn man nicht zusammen läuft, man trifft sich meistens wieder, sei es auf dem Weg selbst oder in den Herbergen. Irgendwie gleicht die Pilgergemeinschaft auf dem gesamten Camino einer großen Familie.

Welche Kosten sind zu veranschlagen?

„Froh schlägt das Herz im Reisekittel, vorausgesetzt man hat die Mittel", behauptet Wilhelm Busch. Recht hat er. Auch pilgern kann man nicht zum Nulltarif. Wer Enthaltsamkeit gelobt, kommt allerdings mit einem erstaunlich kleinen Budget zurecht. Pauschal sind bei dieser Lebensweise ca. 30 Euro pro Tag und pro Person zu kalkulieren. Die Preise in den Herbergen sind gering, sie pendeln zwischen 6 bis 10 Euro pro Übernachtung. Manche Herbergen bitten um eine freiwillige Spende. Ein dreigängiges Pilgermenü kostet etwa 10 Euro. Für Frühstück, Obst, Wasser, ein wenig Tagesproviant und die Einkehr in Bars unterwegs sind rund 12 Euro täglich zu veranschlagen. Ein gutes Einzelzimmer kostet in einer Pension ca. 30 Euro, ein Doppelzimmer etwa 40 bis 50 Euro.

Wie reist man an?

Die Anreise mit dem Auto ist mühsam und zeitaufwendig. Um zum Somport-Pass zu gelangen, nutzen Sie am besten das Flugzeug. Es ist das günstigste und schnellste Verkehrsmittel. Von allen großen Flughäfen in Deutschland führen Flüge nach Bilbao. Die Flugpreise können je nach Wochentag höchst unterschiedlich sein. Am teuersten sind Flüge am Wochenende.

Billigfluglinien (z. B. Eurowings, Vueling, Tuifly) liegen in ihrer Preisgestaltung meistens deutlich günstiger als Linienfluggesellschaften. Bei frühzeitiger Buchung sind für den Hinflug nach Bilbao (z.B. Düsseldorf-Bilbao mit Eurowings oder Tuifly) etwa 60 Euro pro Person zu veranschlagen.

Vom zentralen Busbahnhof in Bilbao fahren täglich mehrmals Busse nach Pamplona. Dort bietet sich eine Übernachtung an. Lassen Sie sich ruhig ein wenig Zeit, denn Pamplona ist eine sehenswerte und attraktive Stadt. Am Folgetag können Sie beispielweise um 11.05 Uhr vom zentralen Busbahnhof aus mit dem Bus nach Jaca starten. Von dort aus nehmen Sie entweder den Bus bis zum Somport-Pass (fährt nur zweimal am Tag) oder ein Taxi.

Sind Trekking-Stöcke sinnvoll?

Unbedingt! Die Stöcke entlasten nicht nur die Beinarbeit, sondern auch die Knie bis zu 30 Prozent. Bergaufwärts sind sie eine ungemein wichtige Hilfe. Falls der Oberkörper ein wenig nach vorne gebeugt wird, entstehen am Berg zwei »zusätzliche Beine«. Vergleichbar ist diese Gehtechnik mit dem Hinzuschalten des Allradgetriebes beim Auto. Auch bergabwärts werden die Knie erheblich entlastet. Die Gefahr auszurutschen, minimiert sich. Im Falle eines Ausrutschers ist die Chance groß, den strauchelnden Körper noch abfangen zu können. Meine Stöcke waren auf der gesamten Strecke fast ununterbrochen im Einsatz. Sie waren eine unentbehrliche Hilfe. Es müssen nicht unbedingt teure Markenprodukte sein, auch preiswerte, variable Billigstöcke von namhaften Discounterketten funktionieren prima. Mit Rücksicht auf das Ruhebedürfnis vieler Wanderer sind Gummidämpfer empfehlenswert.

Des Öfteren begegnet man Pilgern, die mit Pilgerstäben unterwegs sind. M. E. stellen sie wandertechnisch eher eine Be- als Entlastung dar. Ich glaube nicht, dass ein starrer Holzstock das Wandern effizient unterstützen kann. Dem Pilgerstab ist daher eher Symbolkraft zuzuordnen.

Packliste

- 50-Liter-Rucksack (für Männer), 40-Liter-Rucksack (für Frauen) mit Regencape
- Leichter Schlafsack (max. 800 Gramm, im Sommer ggfs. Seidenschlafsack)
- 1 Wanderhose mit ausknöpfbaren Beinen
- 1 dreiviertellange Wanderhose
- 1 leichte Freizeithose oder Shorts
- Gute Trekkingjacke mit vielen Taschen
- Fleecejacke
- Bequeme (Trekking-) Wanderschuhe
- Leichte Sandalen mit Seitenhalt und tiefem Fußbett
- Dünne Badelatschen
- Wetterhut
- Sonnenbrille
- Variable Trekking-Stöcke
- Leichter, kurzer Schlafanzug
- Kleines Handtuch
- 3 Garnituren Unterwäsche (davon 1 x Merino-Funktionskleidung)
- 3 T-Shirts (davon mind. 1 Funktionsshirt)
- 2 Paar Wandersocken, davon 1 x dünn
- Regenponcho mit Rucksackbeule, evtl. zusätzlich kleiner Regenschirm
- Dünne Regenhose, ggfs. Gamaschen
- Gürtel
- Kugelschreiber
- Kleines Notizheft

- Eine Digitalkamera inkl. mind. 2 SD-Karten + Ladegerät für Akku
- Ein Handy inkl. Ladegerät
- Leichte Stofftasche oder Beutel
- Kleiner Wecker
- Aufblasbares Nackenkissen
- Sechs Wäscheklammern und einige Sicherheitsnadeln
- Kleine Kordel, etwas Draht
- Taschenmesser inkl. Korkenzieher
- Ohropax (Wachs)
- Sonnencreme
- Kleines Wörterbuch Spanisch + Englisch
- Blasenpflaster
- Hirschtalgcreme für die Füße
- 1 Päckchen Papiertaschentücher
- Wanderführer (Rother-Verlag, C. Rabe)
- Medikamente individuell
- Magnesium-Tabletten
- Kulturbeutel, Zahnbürste, Zahnpasta, Seife, Duschgel + Haarshampoo (jew. Minigrößen), Kamm, kleine Schere, evtl. Nagelknipser, evtl. Nassrasierer und Rasierschaum
- Rei in der Tube, evtl. als Alternative ein Stück Kernseife
- Geldbörse, ggfs. Gürteltasche
- Kreditkarte und EC-Karte
- Pilgerpass
- Personalausweis, Krankenkassenkarte

Unterkunftsverzeichnis

Pamplona
Hotel Villava
Avda. Pamplona, 31610 Villava
Tel. +34 948333676 www.hotelvillava.com

Canfranc Estación
Herberge Juvenil de Canfranc
22880 Canfranc Estación
Tel. +34 695903426 www.alberguecanfranc.es

Jaca
Hotel Pradas
Calle del Obispo 12, 22700 Jaca
Tel. +34 974361150 www.hotelpradasjaca.com

Santa Cruz de la Serós
Hostal Santa Cruz
Calle Ordara, 22792 Santa Cruz de la Serós
T.+34 974361975 www.santacruzdelaseros.com

Arrés
Bar El Granero
22751 Arrés
Tel. +34 974348129 www.elgraneroconde.com

Ruesta
Herberge Ruesta
50685 Ruesta
Tel. +34 948398082

Izco
Herberge San Martín de Izco
Tel. +34 948362210

Monreal
Casa Etxar Tenea
Calle del Burgo 2, 31471 Monreal
Tel. +34 667948362177 www.etxartenea.com

Mein Pilgerpass

Pilgerstempel von Eunate

Dietmar Bunse
Die Lust Weg-zu-laufen

Auf den Spuren der gelben Pfeile (Camino Francés)

Lust wegzulaufen? Wer möchte nicht einmal dem hektischen Alltag und der Komplexität des Lebens entfliehen, sich entschleunigen und selbst erfahren? Die faszinierende Kulisse des Jakobsweges bietet eine gute Möglichkeit dazu. Tauchen Sie in die Tiefen der bunten Erlebniswelt eines einfachen Pilgers ein und pilgern Sie in diesem unterhaltsamen, informativen, mit einer Prise Spiritualität versehenen Buch mit.

Rediroma-Verlag 191 Seiten
ISBN 978-3-86870-599-7 14,95 Euro (D)

Dietmar Bunse
Faszination Portugiesischer Jakobsweg

Der Portugiesische Jakobsweg – ein Sahnestück aus der Feinkostabteilung. Zum Verzehr bestens geeignet. Wer einen überschaubaren, einfachen Pilgerweg sucht, ist auf dem Küstenweg zwischen Porto und Santiago de Compostela gut aufgehoben. Der Weg bezaubert durch eine phantastische Landschaft, die im Wechsel durch verträumte Dörfer, mittelalterliche Brücken und malerische, lang gestreckte Meeresarme geleitet. Die unterhaltsame, kurzweilige und humorvolle Reiselektüre steckt an und stimmt Sie wunderbar auf Ihre Reise ein.

Rediroma-Verlag 110 Seiten
ISBN 978-3-868870-682-6 8,95 Euro (D)

Dietmar Bunse
Das Sonnenlied des Franziskusweges

Erlebnisse einer Pilgerreise auf dem Franziskusweg

Der Franziskusweg – eine Schatztruhe voller Kostbarkeiten. Der Weg führt viele Jahrhunderte zurück in die Vergangenheit. In die Zeit des großen Franz von Assisi. Seine Aufenthaltsorte werden gestern wie heute verehrt, seine Spuren durchziehen wie an einer aufgereihten Perlenkette den nach ihm benannten Weg. Gehen Sie mit, tauchen Sie in die Tiefen der franziskanischen Geschichte ein, sind Sie dabei, wenn sich die Schatztruhe öffnet.

Rediroma-Verlag — 162 Seiten
ISBN 978-3-986103-007-1 — 12,95 Euro (D)